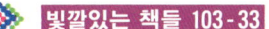

대흥사(대둔사)

글/목정배, 이응묵, 이완우 ● 사진/김종섭, 이응묵, 이완우

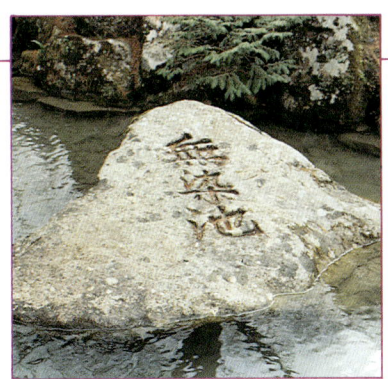

대원사

연혁 – 목정배

동국대학교 불교학과를 졸업하였고 같은 학교 대학원에서 박사학위를 취득하였다. 현재 동국대학교 교수('75~)로 동국대학교 불교대학장('89~'90), 불교문화연구원장('90~'91)을 역임하였고 〈대중불교〉편집인('86~)으로 있다. 저서로『한국 문화와 불교』『불교 교리사』『계율론』등이 있고 주요 논문으로 '의적의 보살계본소' '돈오점수의 현대적 의의' '한국 불교의 정신성' '한용운의 평화 사상' 외 여러 편이 있다.

건축 – 이응묵

한양대 건축공학과와 단국대 대학원을 졸업하고 한국 전통 건축 분야의 설계와 조사 연구 활동을 계속하고 있다. 새한건축문화연구소를 경영하며 문화재관리국 등의 의뢰(위촉)로『금산사』『마곡사』『장곡사』『홍천사』『화암사』등의 실측조사보고서를 집필 간행하였으며 저서로『요사채』가 있다.

유물 – 이완우

한국외국어대학교를 졸업하였고 한국정신문화연구원 한국학대학원 미술사학과에서 석사 학위를 취득하였으며 동 대학원 박사 과정을 수료하였다. 원광대학교 등에서 강의하고 있으며 주요 논문으로 '이광사 서예 연구' 외에 여러 편이 있다.

대흥사(대둔사)

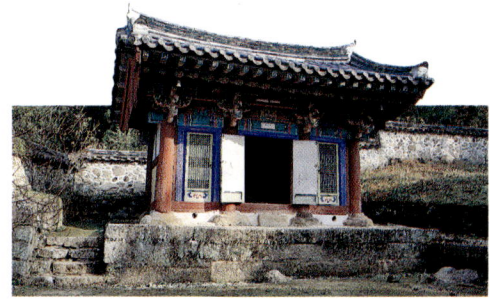

대흥사 (대둔사)

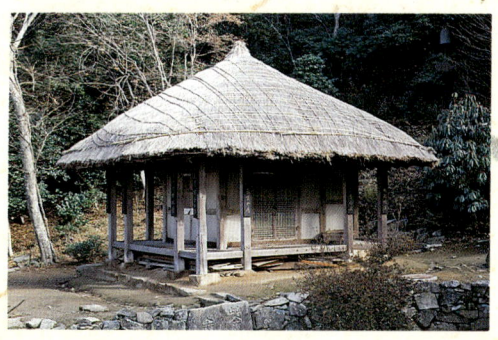

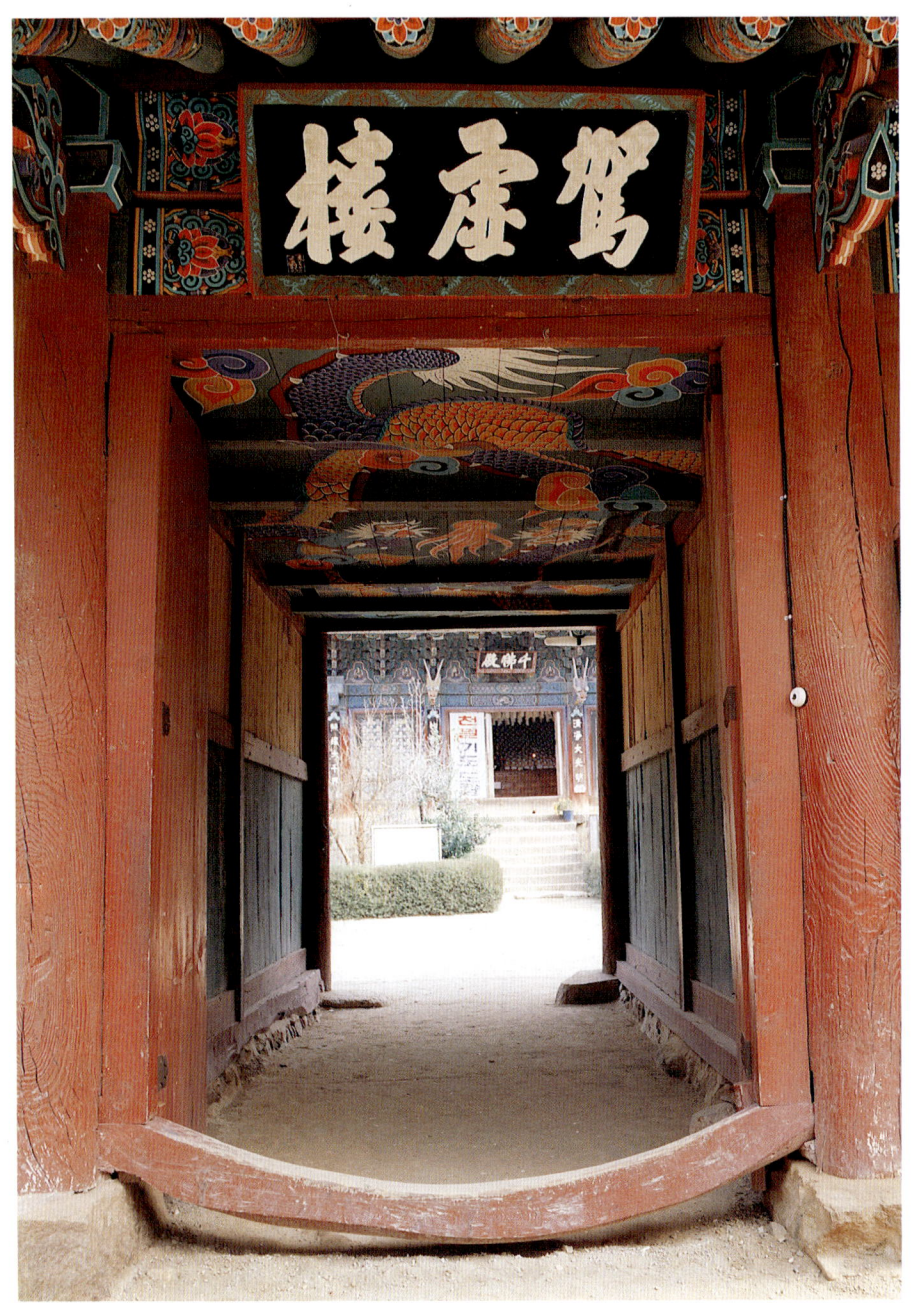

가허루 문 보통의 누문과는 형식이 달라 중앙의 출입문을 통해 내정에 들어선다.

연혁

　대흥사(大興寺)는 우리 국토 최남단에 위치한 두륜산 줄기의 '너무 내'라는 곳에 자리하고 있다. 행정 구역상으로는 전라남도 해남군 삼산면 구림리 장춘동에 속하며 현재 대한불교조계종 제22교구 본사이다. 서쪽으로는 진도에, 동쪽으로는 강진에 접한 해남은 대둔산을 중심으로 대흥사 외에도 석두암 흑석사, 금강사, 다보사 등이 자리하고 있어 불연(佛緣)이 깊은 고장이다.

　이곳은 구림리(九林里) 장춘동(長春洞)이라는 이름 그대로 나무가 많아 봄이 유난히 길다. 가련봉과 두륜봉을 상봉으로 하는 고계봉, 도솔봉, 혈망봉, 향로봉 등 이웃한 봉우리들과 조화를 이루어 경관 또한 빼어나다. 두륜산에는 아름다운 계곡이 많고 골짜기들에는 아름다운 이름의 다리들이 놓여 있어서 그 다리를 구곡 구교라고 부른다. 그래서 예로부터 구도자들이 끊이지 않았다고 한다.

　대흥사는 본래 '한듬절'이라고 불렀는데 그것은 두륜산의 원래 이름이 한듬이었기 때문이다. 두륜산이 국토 남단에 위치하고 불쑥 솟아 있어서 한듬이라고 부른 듯하다. 이를 한자와 섞어서 '대듬'이라고 부르더니 나중에 대둔산(大芚山)이라 불리게 되었고 '한듬절'은 '대듬절'에서 '대둔사'로 바뀌게 되었다. 그러다가 언제부터인가 대둔산은 중국 곤륜산(崑崙山) 줄기가 동쪽으로 흘러 백두산을 이루고 여기서 다시 뻗은 태백산 줄기의 끝이라는 뜻에서 백두산과 곤륜산에서 하나씩 따서 두륜산 (頭崙山)이라 하였다. 이것을 일제 때 새로 지명을 표기하는 과정에서 '륜'자를 바꾸어 두륜산(頭輪山)이라 하였고 대둔사는 대흥사로 고정되었다. 이처럼 세월의 무상함은 한듬이라는 본래 이름마저 전혀 다르게 바꾸어 버렸다.

한듬절이 대흥사로 일약 변신하게 된 것은 이 절과 깊은 인연을 맺었던 청허당 서산 대사의 부촉 때문이었다. 1605년 1월 서산 대사는 묘향산 원적암에서 입적을 앞두고 마지막 설법을 마치고는 제자 사명당과 처영 스님에게 당신의 의발을 두륜산에 둘 것을 유언하였다. 스님의 제자들은 서산 대사가 왜 구태여 그런 외진 곳을 택하였는지 물었다.

"두륜산은 해변 한구석에 있고 비록 명산은 아니지만, 세 가지 이유가 있어서 내가 소중히 여기는 곳이다."
라고 말한 서산 대사는 그 세 가지 이유에 대하여
"첫째 기화이초(奇花異草)가 항상 아름답게 피어 있고 옷감과 먹을 것이 끊이지 않는다. 내가 보건대 두륜산은 모든 것이 다 잘될 만한 곳이다. 북으로 월출산이 이어져 있고 동의 천관산과 서의 선은산이 홀연히 마주 솟아 있다. 바다와 산으로 둘러싸여 있으며 골짜기는 깊고 그윽하니 이곳은 만세토록 훼손되지 않을 땅이다.

둘째로는 임금님의 덕화가 천리에 미침에는 완급이 있어 아직 다하지 않는 바 있고 넓은 천하가 모두 임금의 땅 아님이 없지만, 국가를 향해 충성을 바치기가 어려운 것이다. 나의 공덕을 누가 말할 만하다 하지 않겠느냐? 성주(聖主)께서 내리시는 깊은 은혜가 이 때문에 보여지고 느껴진다면 후세에 저 무표정한 나무 사이를 스치는 바람 소린들 어찌 저 우매한 속세를 경고하지 않겠는가?

셋째는 처영과 나의 제자들이 모두 남쪽에 있고 또 내가 출가하여 머리 깎고 법을 들은 곳이 두류산(頭流山, 지리산)이다. 여기는 종통

(宗統)의 소귀처(所歸處)이다.

　내 소원이 참 중하지 않은가? 이 세 가지 이유로 이미 뜻을 청하였다. 너희들은 내 유촉을 지켜서 나의 의발과 주상이 하사하신 대선사 교지를 두륜산 가운데 옮기어 내가 입적하는 날 그곳에 모시도록 하라. 제자 명조(明照)가 이 일을 주관하게 하고 제자 유정(惟政)에게 부서(付書)하여 후사를 부탁하노라.”

　분향하고 설법한 뒤 자신의 영정을 꺼내서 “80년 전에는 네가 나이더니 80년 후에는 내가 너로구나.” 하였다.

　그리하여 사명당 유정은 서산 대사의 시신을 다비하여 사리는 묘향산 보현사에 안치하고 영골은 수습하여 금강산 유점사 북쪽 바위에 봉안하고 스님의 금란 가사와 발우는 대흥사에 봉안하였다. 서산 대사가 대흥사에 가사와 발우를 전하고자 한 것은 바로 대흥사에서 법을 전하여 법맥을 잇고자 했음을 의미하는 것이다.

　우리나라 땅끝 해남의 외딴 곳에 의발을 전한 스님의 간곡한 배려로 인하여 대흥사는 이름 그대로 크게 일어났다. 대흥사는 이러한 전통을 간직하여 조선시대 배불의 그늘 속에서도 숱한 인물을 배출하는 선교 양종의 대도량으로서 면모를 간직하게 되었다.

　두륜산은 이름만큼이나 수많은 인물을 배출하였다. 대흥사에서는 13분의 대종사와 13분의 대강사가 나왔다. 대흥사의 중흥은 16국사를 배출한 승보 사찰 송광사의 화려함에 가려져 있지만 청허당 임제선풍(臨濟禪風)을 배불의 열악한 조건 아래에서도 계승하고 있다.

창건 설화와 역사

　대흥사는 언제 어떠한 연유로 창건되었을까? 이는 사찰의 연혁을 살피는 과정에서 우선 짚고 넘어가야 할 사항이다. 대흥사의 창건과 그 변모 과정에 대해서는 현재까지 전해 내려오고 있는 몇몇 사지(寺誌)들을 통해 알아볼 수 있다.

대흥사 창건 등의 역사를 기록한 것으로서『죽미기(竹迷記)』『만일암고기(挽日菴古記)』『북암기(北菴記)』등이 있었다 한다. 근세 조선에 와서 이러한 옛 기록들을 종합하여 수룡(袖龍), 초의(草衣)가 편집하고 기어(騎魚), 호의(縞衣)가 교정한『대둔사지(大芚寺誌)』가 남아 있다.『대둔사지(大芚寺誌)』는 순조(純祖) 23년(1823)에 간행된 것인데 대흥사의 창건 등에 대하여 비교적 자세히 밝히고 있어 현존하는 대흥사지 가운데 가장 종합적이고 상세한 사지라고 할 수 있다. 초의는 위의 옛 기록들을 충실히 살려서 기술하였고 논거를 들어 잘못을 바로잡았다. 이제『만일암고기』와『대둔사지』에 의거하여 대흥사의 정확한 창건 역사를 살펴보도록 하자.

『만일암고기』에는 송 문제(宋文帝) 원가(元嘉) 3년(백제 久爾帝王 7년, 서기 426)에 신라 정관 존자(淨觀尊者)가 만일암을 창건하고 그 뒤 양 무제(梁武帝) 천감(天監) 7년(백제 무령왕 8년, 서기 508)에 이름을 전하지 않는 선행 비구(善行比丘)가 중건(重建)했다고 되어 있다. 또『죽미기』에는 양 천감 13년(신라 법흥왕 1년, 서기 514)에 아도 화상(阿道和尙)이 대흥사를 창건했다고 기록했다.

그런데『대둔사지』의 자료를 수집하였던 아암 혜장(兒庵 慧藏)은『만일암고기』의 이와 같은 기록들을 근거 없는 황당 무계한 것이라고 지적하고 있다. 그 이유로서, 첫째 아도 화상이 백제에까지 그 발길을 미쳤다고 볼 수는 없고, 둘째 침류왕(枕流王) 원년(384) 마라난타(摩羅難陀)에 의해 백제에 불법이 유포되었는데 그보다 이전에 아도가 절을 창건했다는 설에는 무리가 있으며, 셋째 아도 화상의 활약 시기는『만일암고기』에서 말하는 법흥왕 1년이 아니라『삼국유사(三國遺事)』의 기록대로 신라 미추왕(味鄒王) 2년(서기 265)인데 그렇다면 3백여 년이나 빨리 백제에 와서 대흥사를 창건했다는 것이 되므로 도저히 납득할 수 없다는 것이다.

한편 『만일암고기』에서는 신라 헌강왕(憲康王) 원년(875)에 도선 국사(道詵國師)가 당나라에서 귀국하여 5백 개의 사찰을 짓는 게 좋겠다고 상소하였는데 대흥사도 그 가운데 하나라고 전한다. 그러나 아암 혜장은 계속해서 이 설도 신빙성이 없는 것이라고 말한다. 왜냐하면 첫째 도선 국사가 당나라에 들어간 기록이 없으며, 둘째 도선 국사의 탄생 연대는 헌강왕 원년 곧 서기 875년인데 태어나자마자 대흥사를 짓게 했을 리는 없기 때문이다.

이런 여러 가지를 종합하여 볼 때 우리는 대흥사의 창건 연대를 밝혀주는 옛날 기록들에 별로 신빙성이 없다고 생각할 수밖에 없다. 그렇다면 대흥사의 창건 연대를 어떻게 보아야 할까? 『동국여지승람(東國輿地勝覽)』은 대둔산조(大芚山條)에서 대흥사에 대해 언급하면서 이 절의 앞마당에는 신암(信菴), 총은(恖隱), 성유(性柔)의 세 부도(浮屠)가 있다고 하였다. 이들 세 스님의 행적은 알려진 바가 없고 다만 고려조의 스님이라는 것만을 알 수 있을 뿐이다. 그렇다면 고려시대에 살았던 스님의 부도가 있다는 사실로 미루어 대흥사는 고려 이전에 창건되었다고 봐야 할 것이다. 더 빨리는 아암 화상의 주장대로 대흥사의 창건은 신라 말로 잡아야 할 것이다. 그렇다고 해도 임진왜란 이전에는 아직 대규모 사찰다운 면모를 갖추지 못한 상태였다.

이 절이 크게 중창된 것은 서산 대사가 대흥사를 "삼재가 들어오지 않는 곳이요, 만세토록 파괴됨이 없는 곳이며 종통의 소귀처이다(三災不入之處 萬歲不毀之處 宗統所歸之處)."라고 보고 자신의 의발(衣鉢)을 대둔산에 전할 것을 부촉한 임진왜란 뒤의 일이다. 1604년(선조 37)에 해남의 외딴 곳에 의발을 전한 서산 대사의 배려에 의해서 이 절은 배불(排佛)의 강압 속에서도 많은 인재를 배출하는 선교 양종(禪敎兩宗)의 대도량으로 면모를 일신하게 되었다.

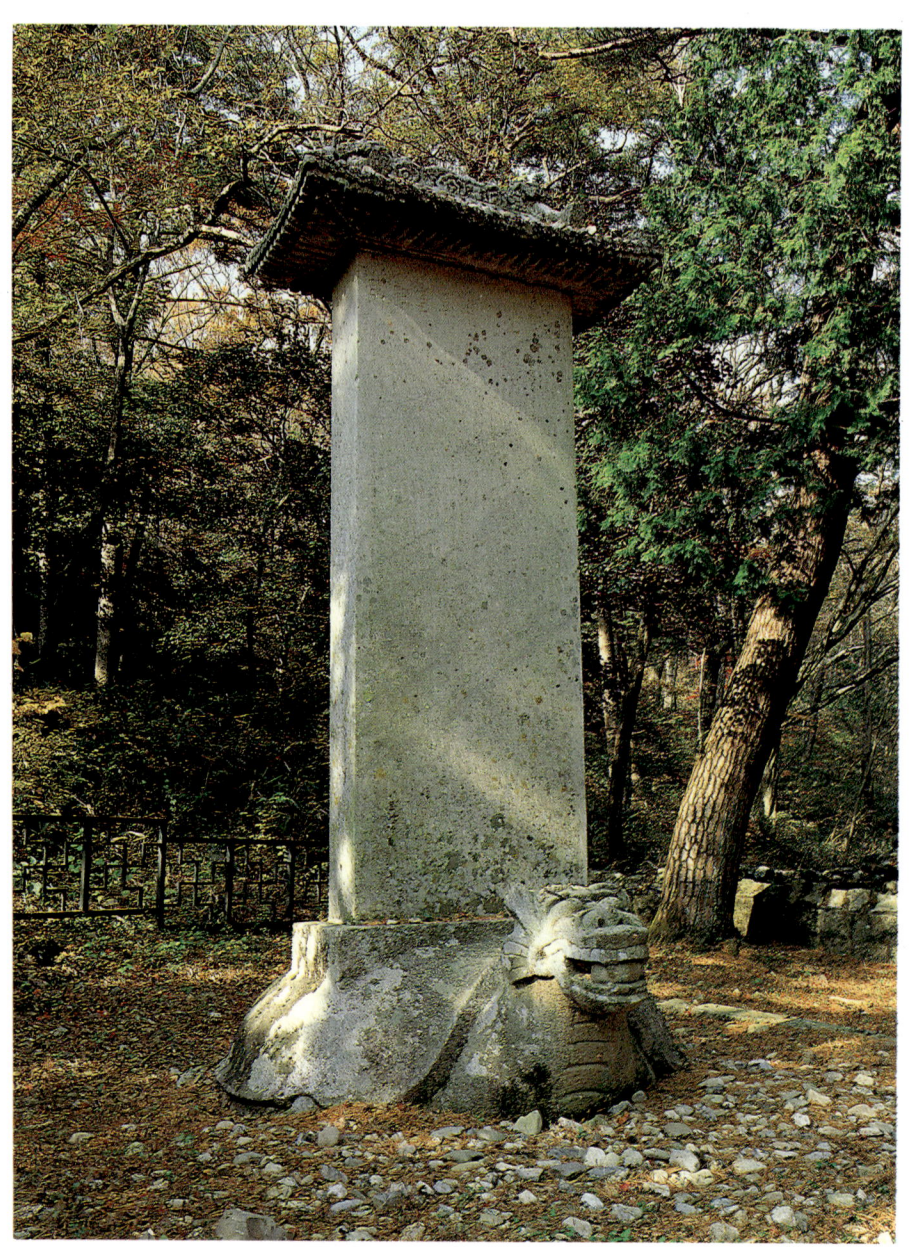

대둔사 사적비 부도밭 담 밖 왼쪽에 서 있다.

사지에서는 『죽미기』의 고기록을 인용하여 대흥사의 옛모습은 남원(南院)과 북원(北院)으로 나뉘어 있었다고 전한다. 남북은 해탈문을 지나는 시냇물을 기준으로 한다는 것인데 이것이 대흥사의 원형에 가까운 모습이 아닌가 한다. 북원에는 대웅보전(大雄寶殿), 나한전(羅漢殿), 시왕전(十王殿), 팔상전(八相殿), 칠성전(七星殿), 조사전(祖師殿), 원통전(圓通殿), 수륙전(水陸殿), 문수전(文殊殿), 승당(僧堂), 선당(禪堂), 청운당(靑雲堂), 서상당(西上堂), 동별당(同別堂), 송월료(送月寮), 만월당(滿月堂), 한산전(寒山殿), 미타전(彌陀殿), 지사방(持事房), 대동방(大同房), 침계루(枕溪樓), 철경루(鐵鏡樓), 향적루(香積樓), 대양문(大陽門)으로 이루어져 있었으며 또한 남원은 극락전(極樂殿), 대장전(大藏殿), 지장전(地藏殿), 보현전(普賢殿), 약사전(藥師殿), 청료풍(淸寮風), 벽안전(碧眼殿), 정진당(精進堂), 팔해당(八解堂), 적조당(寂照堂), 가허루(駕虛樓), 해탈문(解脫門)으로 이루어져 있었다고 한다.

그 뒤 1665년(현종 6)에 심수(心粹)가 대웅전을 중창하였고 1669년에는 표충사(表忠祠)를 건립하였으며 1811년(순조 11)에 천불전이 불에 타자 1813년에 완호(玩虎)와 제성(濟醒)이 중건하여 오늘에 이르고 있다.

대흥사에서 배출된 고승들

대흥사를 이야기할 때 맨 처음으로 손꼽을 수 있는 분은 청허당 서산이다. 그로 인하여 대흥사가 일약 대도량으로 중흥할 수 있었기 때문이다. 서산 대사는 임란(壬亂)에 승병을 일으킨 분으로 잘 알려져 있지만 불교 사상적인 면으로 볼 때는 한국의 선풍을 진작시킨 분이기도 하다. 선조 25년에 일어난 임진왜란은 7년 동안이나 계속된 역사상 유례없는 전란이었다. 유생들은 대부분 공리 공론에 빠져 갑자기 침입한 왜군을

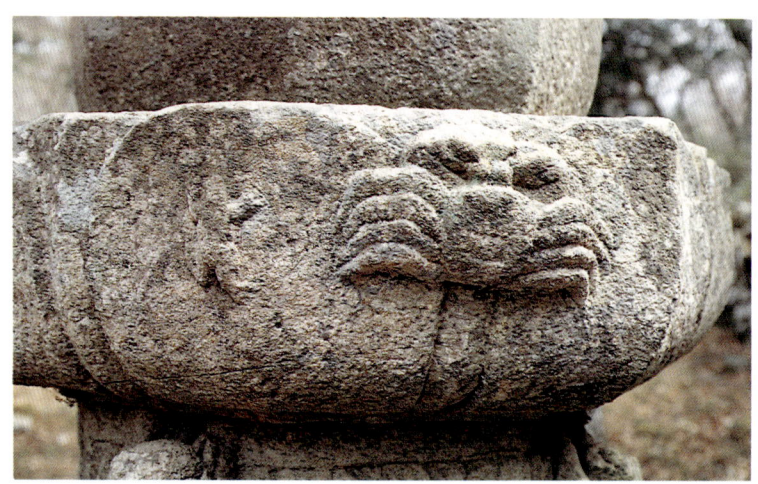

서산 대사 부도 부분

막아낼 길이 없었다. 당쟁으로 인하여 사분 오열된 관군은 전장에서 속속 패하였다. 이때 나라의 위기를 좌시할 수 없었던 서산 대사는 호국이라는 기치 아래 승군을 일으켰다.

『불조원류(佛祖源流)』에는 중국 임제종(臨濟宗) 정맥(正脈)이 서산 대사에게까지 이르게 되는 과정이 설명되어 있다. 그에 의하면 임제―태고 보우(太古 普愚)―환암 혼수(幻庵 混修)―귀곡 각운(龜谷 覺雲)―벽계 정심(碧溪 浄心)―벽송 지엄(碧松 智嚴)―부용 영관(芙蓉 靈觀)―청허 휴정(清虛 休靜)의 순이다. 이와 같이 서산 대사는 석옥(石屋) 임제 화상의 법을 전수한 것으로 믿어진다.

서산 대사는 서기 1520년, 조선 중종 15년에 태어났다. 속성은 최씨이며 완산이 본이다. 자는 현응(玄應), 이름은 여신(汝信)이며 호는 청허(清虛)라 하였고 오랫동안 묘향산에 머물러 있었으므로 서산이라 부르게 되었다. 휴정은 스님의 법명이다. 난세에 태어나 한평생을 선(禪)과 호국의 이념으로 살다간 그는 조선시대를 통하여 찬연한 하나의 빛이었다. 그는 또 선교 양종을 통합하여 단일한 불교로 발전시키는 데 큰 역할을 했다.

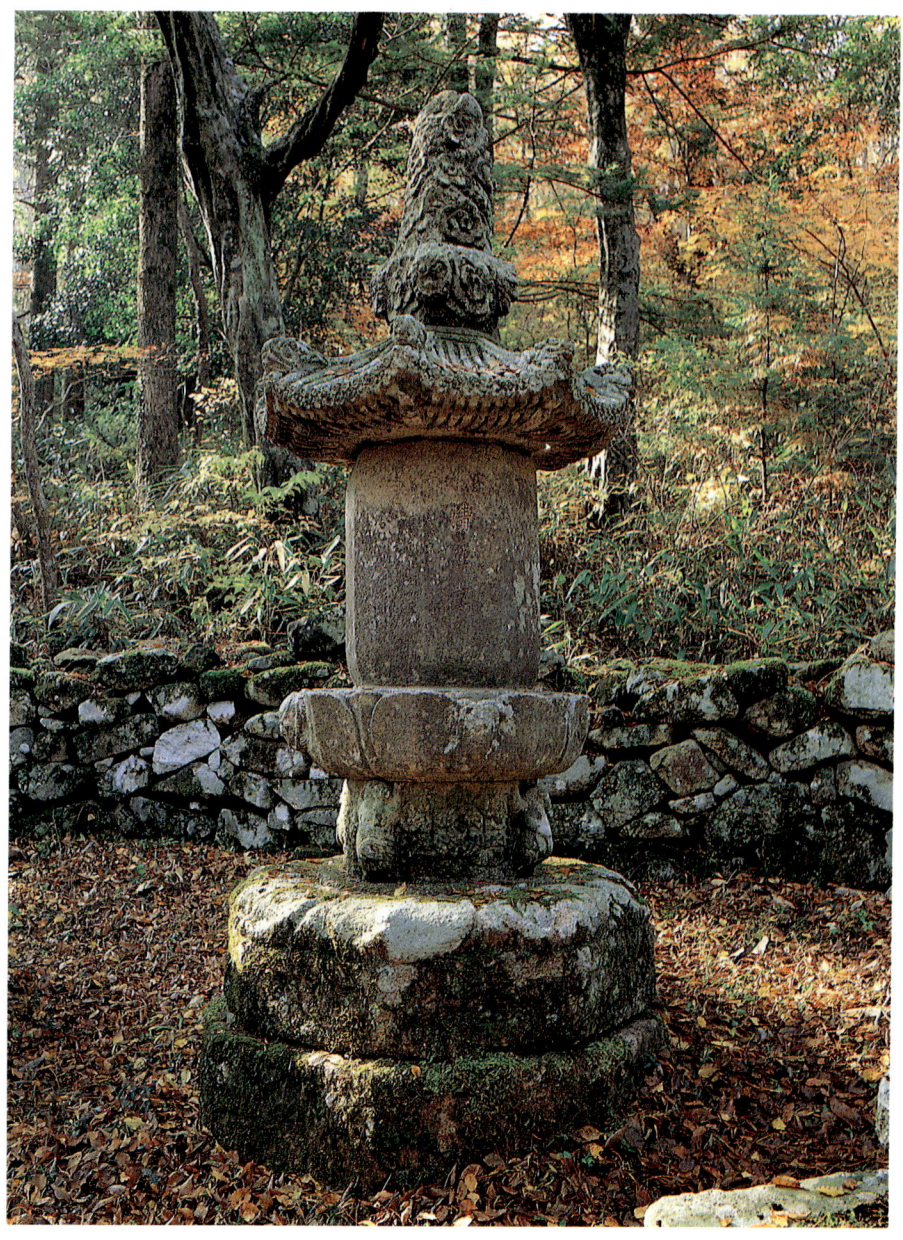

서산 대사 부도

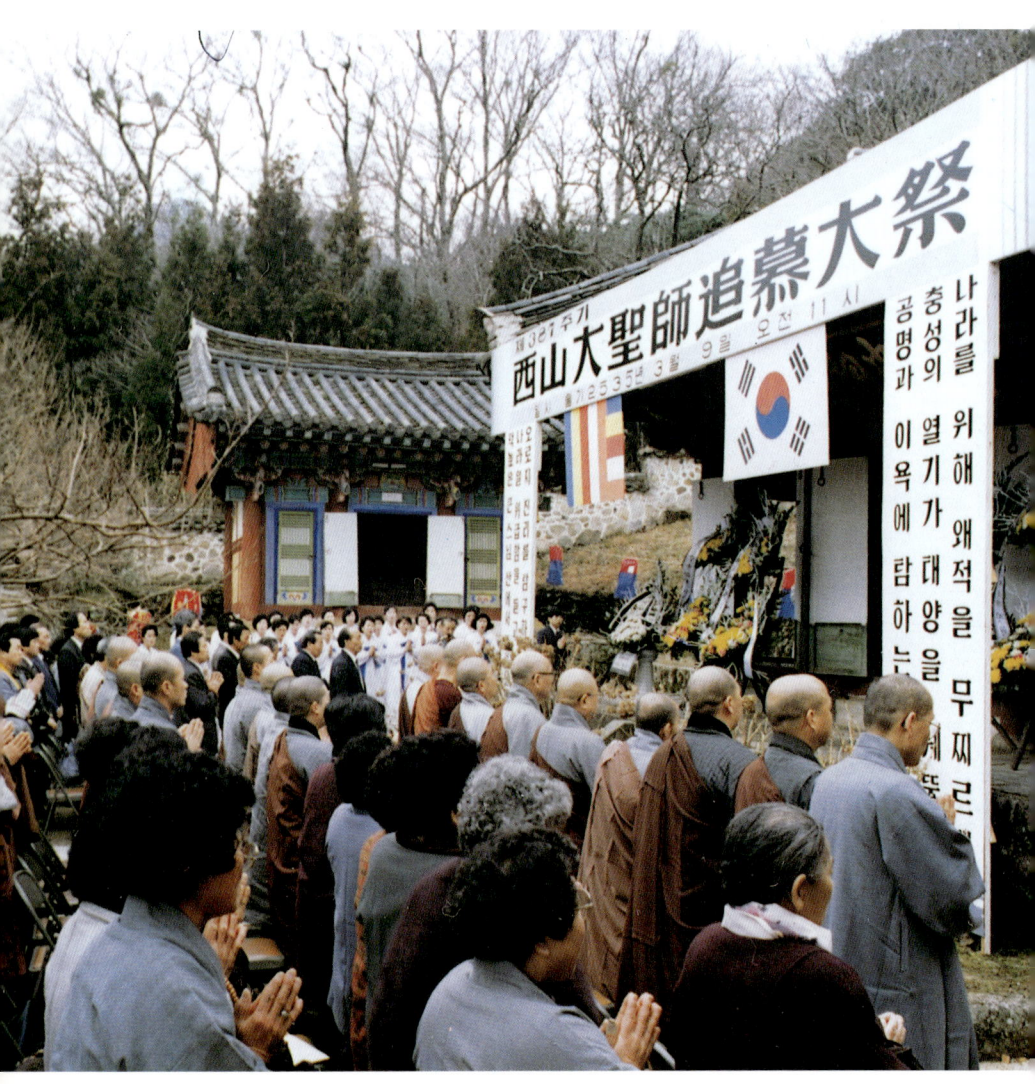

서산 대사의 추모제를 지내는 광경 매년 3월에는 난세에 태어나 한평생을 선(禪)과 호국의 이념으로 살다간 청허 휴정 스님의 추모제가 거행된다.

그의 저서 『선가귀감(禪家龜鑑)』에는 "선은 부처의 마음이요, 교는 부처의 말씀이다(禪是佛心 敎是佛語)."라고 밝히고 있는데 그의 이러한 주장은 당시 극렬하게 대립의 길을 치닫고 있던 선교의 대립을 지양하고 불교 본연의 통일을 모색한 것이라 할 수 있다. 휴정은 좌선, 진언, 염불, 간경 등 여러 경향으로 나뉘어 각자의 우월을 주장하던 당시의 모순에서 벗어나 선교 일치를 주장하면서 한국 불교의 전통을 확립하였다. 『선가귀감(禪家龜鑑)』『선교선(禪敎禪)』『선교결(禪敎訣)』『청허당집(清虛堂集)』등의 저술에는 이러한 사상이 잘 나타나 있다.

서산 대사의 의발이 대흥사로 옮겨지면서 대흥사는 명실공히 선교의 총본산이 되었다. 특히 대사의 문도들 가운데 13대종사(大宗師), 13대강사(大講師)가 배출된 것은 무척 뜻깊은 일이라 하겠다. 이와 같이 찬연한 학풍을 배불(排佛)의 그늘 속에서도 꽃피울 수 있었던 것은 서산 대사의 유지 때문이었다고 할 수 있다.

13대종사

첫번째 풍담(楓潭) 대종사(1592~1667년)는 속성이 유씨(柳氏)이며 통진(通津) 사람이다. 16세 때 출가하였고 법명은 의심(義諶)이며 법호는 풍담이다. 성순 노사(性淳老師)를 은사로 득도하였고 원철(圓徹) 스님께 수계했으며 서산 대사의 직계 수좌이던 편양 언기(鞭羊 彦機)에게서 법을 배웠다. 대흥사에서는 스님을 해동 화엄종의 중흥조로 일컫고 있다. 현종(顯宗) 6년(1667) 금강산(金剛山) 정양사(正陽寺)에서 입적하였다. 제자가 수백 인이었으나 그 가운데에서도 특히 상봉 정원(霜峰 淨願), 월담 설제(月潭 雪霽), 월저 도안(月渚 道安), 기영 서운(奇影 瑞雲) 등이 상수로 손꼽히는 수제자들이었다.

두 번째 취여(醉如) 대종사(1622~1684년)는 속성이 정씨(鄭氏)이며 강진현(康津縣) 보암방(寶巖坊) 구정리(九亭里) 사람이다. 어렸을 때 만덕산(萬德山) 백련사(白蓮社)에서 출가하였다.

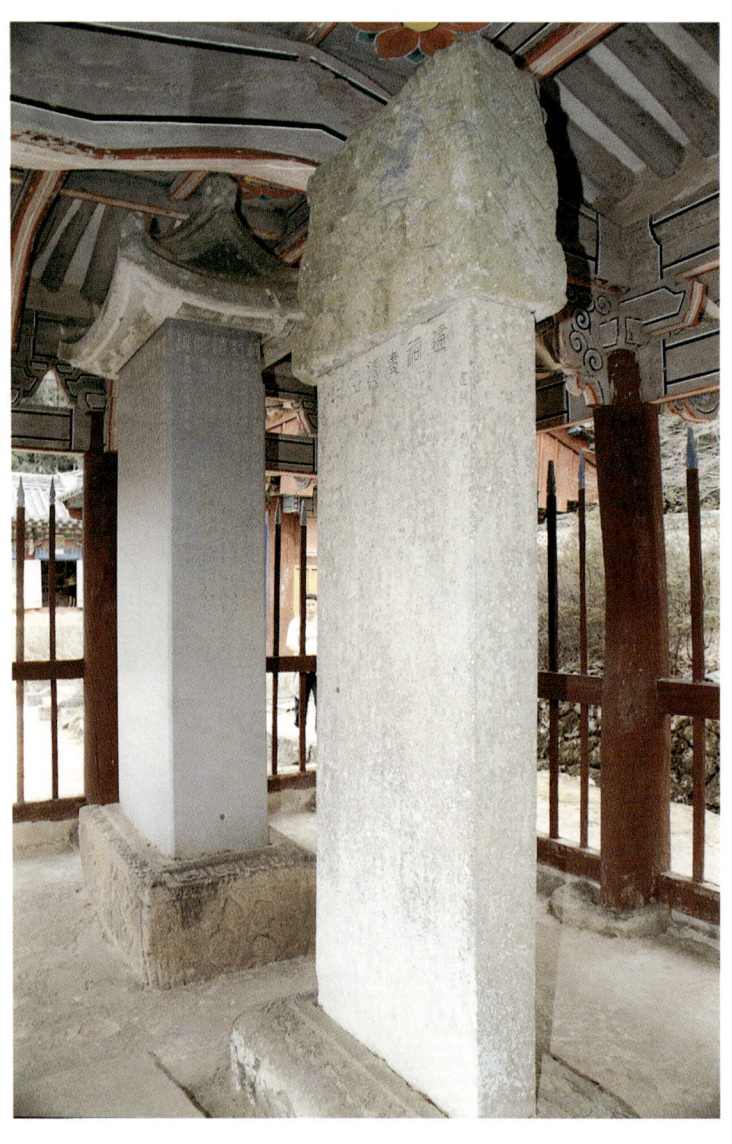

서산 대사 표충사 기적비(왼쪽)와 표충사 건사 사적비(오른쪽) 현재 표충사 비각 안에 있다.

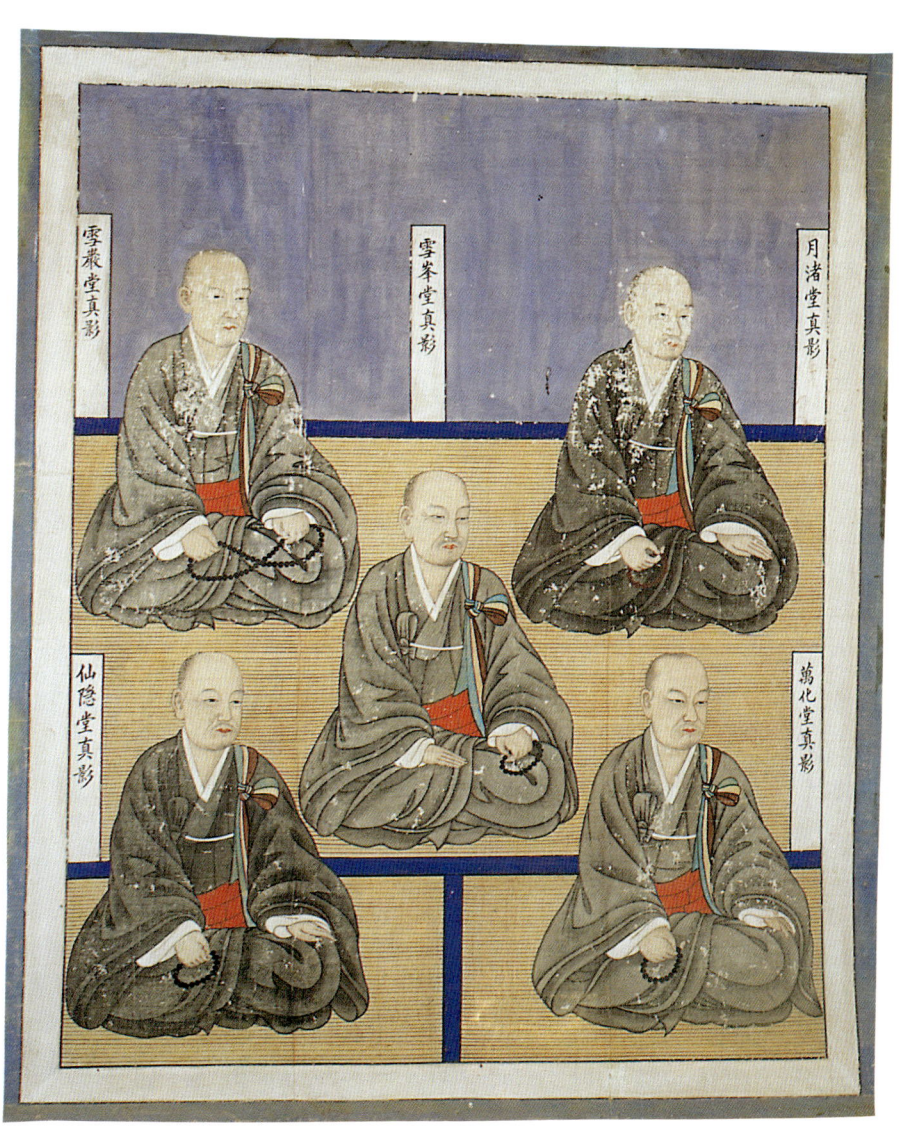

조사전 내부에 봉안된 향우측의 조사탱 월저당, 설봉당, 만화당 등 다섯 분의 조사가 그려져 있다.

다섯 번째 설암(雪巖) 대종사(1651~1707년)는 속성이 김씨이며 강동현(江東縣) 사람이다. 어렸을 때 출가하여 법명을 추붕(秋鵬), 법호를 설암(雪巖)이라 하였다. 처음에 종안 장로(宗眼長老)에게서 삭발하였고 후에 벽계 구이(碧溪 九二) 선사에게서 경론을 배웠다. 모든 경론을 두루 안 다음 월저 대종사를 뵙고 담론하였는데 보자마자 서로 의기 투합하여 여러 날을 담론으로 지냈다. 드디어 스님은 월저 대사의 의발을 전수받았다. 이후 스님은 남방의 명찰을 순방하였는데 배우고자 하는 스님들이 구름처럼 모였다고 하며 늘 백설당(白雪堂)이란 곳에서 화엄학을 강의하였다. 숙종 33년(1707) 입적하였고 세수는 57세였다.

여섯 번째 환성(喚惺) 대종사(1664~1729년)는 법명이 지안(志安)이요 법호는 환성이며 자는 삼낙(三諾)이었다. 속성은 정씨요 춘주(春州; 지금의 春川) 사람이다. 15세 때 출가하여 미지산(彌智山) 용문사(龍門寺)의 상봉 정원(霜峰 淨源)에게서 구족계를 받았다. 17세 때 금강산에 순방, 월담 설제(月潭 雪齊)에게 법을 구했다. 월담 스님은 스님을 대하자 곧 그 근기를 인정하여 의발을 전했다. 27세 때에 직지사(直指寺)에서 모운 진언(慕雲 震言) 스님으로부터 전강(傳講)을 받아 학도가 수백 인에 달하였다. 이후 스님은 크게 명성을 얻어 전국을 순방하며 화엄 대회를 열었다. 그러나 이러한 명성이 오히려 다른 사람들의 시기를 받고 모략을 당하여 제주도에 유배당하였다가 결국 일주일 만에 병을 얻어 죽고 말았다. 그때 세수는 66세요 법랍은 51세였다.

일곱 번째 벽하(碧霞) 대종사(1676~1763년)는 법명이 대우(大愚)요 호는 벽하이며 속성은 박씨(朴氏)이다. 어릴 적에 창가에서 새 우는 소리를 듣고 문득 발심하여 그 길로 조연(照淵) 장로를 찾아 출가하여 스님이 되었다. 장성해서는 화악 대사에게 경론을 배웠고 환성 대사에게서 선을 익혔으며 고압(孤鴨) 대사에게 참법(懺法)을 익혔다. 스님이 인연을 맺고 은사로 모신 분들은 모두 서산의 5대손이었다. 스님은 불교의 모든 경은 물론 역사와 기타 다른 학문까지도 섭렵하여 유학자들

사이에서도 명성이 높았다. 영조(英祖) 39년 6월에 입적하였는데 세수는 88세였다.

여덟 번째 설봉(雪峯) 대종사(1678~1738년)는 속성이 조(曺)씨이며 낭주(朗州 ; 지금의 靈岩) 사람으로 16세 때 출가하였다. 법명은 회정(懷淨)이요 호는 설봉이며 자는 윤중(允中)이었다. 출가한 뒤로는 화악 선사에게서 경론을 배우고 법을 받았다. 종지를 밀수(密受)한 뒤 모든 경을 참구(參究)하여 논리적으로 분석하고 증명하는 것이 능하여 남방의 모든 승려들은 스님을 '선림종주(禪林宗主)'라고 불렀다. 만년에는 해도(海島)에 들어가서 초암을 짓고 홀로 살았다. 은둔하는 초암 생활 끝에 영조 14년 6월 8일에 입적하였다.

아홉 번째 상월(霜月) 대종사(1687~1767년)는 법명이 새봉(璽封)이며 호는 상월이다. 속성은 손(孫)씨로서 순천(順天) 사람이다. 11세 때 조계산(曹溪山) 선암사(仙巖寺)의 극준(極俊) 장로를 은사로 모시고 출가하였다. 16세 때 화악 대사에게서 구족계를 받고 18세 때 설암(雪巖) 화상을 참배하고 담론하였다. 설암 화상은 스님의 도가 깊음을 알고 의발을 전수하였다. 전국의 명산과 고덕한 스님들을 두루 뵙고 27세 때 다시 고향에 돌아오니 사방의 승도가 다투어 찾아와서 법을 구하였다. 갑술년(甲戌年) 봄에 선암사에서 화엄법회를 개설했는데 모인 사람이 1천2백 명을 넘었다고 한다. 또한 계를 바르게 지니어 초학자들의 귀감이 되기도 했다. 영조 43년 10월에 81세로 입적했다.

열 번째 호암(虎巖) 대종사(1687~1784년)는 속성이 김씨이다. 어렸을 때 출가하여 법명을 체정(體淨), 호를 호암이라 하였다. 환성 노사(喚惺老師)에게서 법을 전수받고 영남의 명찰 통도사와 해인사에 오랫동안 머물면서 후학을 지도하였는데 늘 법을 구하는 학인들이 수백 명씩 운집했다고 한다. 만년은 금강산 표훈사(表訓寺)의 원통암(圓通庵)에서 보내다가 홀연히 입적하였다. 문인으로서 특히 설파 상언(雪坡 常彦), 연담 유일(蓮潭 有一), 해암 신초(海巖 信初), 만화 원오(萬化 圓悟),

연해 광열(燕海 廣悅), 영곡 영우(靈谷 永愚) 등이 고덕한 제자였다.

열한 번째 함월(涵月) 대종사(1691~1770년)는 속성이 전주 이씨이며 함흥(咸興) 사람이다. 14세 때 도창사(道昌寺)에서 출가하였다. 법명은 해원(海源)이고 호는 함월이며 자는 천경(天鏡)이라 했다. 여러 선지식을 두루 방문하면서 법을 구하던 중 환성 스님을 뵙고 드디어 스님에게서 종문의 묘지를 모두 배워 깨쳤다. 행의가 엄정하고 인욕행(忍辱行)이 남달라서 모든 사람의 존경을 받았는데 환성 스님의 문하에 입실하여 40여 년을 하루같이 정진했다고 한다. 영조 40년 입멸하니 세수는 80세요 법랍은 66세였다.

열두 번째 연담 대종사(1720~1799년)는 법명이 유일이요 호는 연담이며 자는 무이(無二)이다. 속성은 천(千)씨로 전남 화순(和順) 사람이다. 18세 때 무안(務安) 법천사(法泉寺)의 성철(性哲) 스님을 따라 출가하였고 안빈 심사(安貧 諶師)에게서 계를 받았다. 오랫동안 호암 화상을 시봉하면서 비밀스러운 뜻을 전수받았다. 동문이었던 설파 스님과 함께 30여 년 동안『화엄경』을 강의하였다. 정조(正祖) 1년(1777) 밀양(密陽) 표충사의 원장을 역임하고 정조 5년(1781) 금강산에서 화엄법회를 열었다. 정조 23년 장흥(長興) 보림사(寶林寺) 삼성암(三聖庵)에서 입적하니 세수 80세, 법랍 62세였다.

열세 번째 초의 대종사(1786~1866년)는 속성이 장(張)씨이고 무안군(務安郡) 삼향면(三鄉面) 사람이다. 법명은 의순(意恂), 호는 초의 또는 일지암(一枝庵)이라 하였다. 1786년 나주 삼양면에서 태어나 5세 때 물에 빠진 것을 어느 스님이 살려 준 것이 인연이 되어 16세 때 남평(南平) 운흥사(雲興寺)에서 벽봉(碧峯), 민성(敏聖) 화상을 은사로 출가하여 대흥사에서 민호(玟虎) 대사에게서 구족계를 받았다. 초의는 월출산, 금강산, 지리산, 한라산 등 명산을 유람하며 선지식을 찾아 다니다가 대흥사 조실 완호 스님의 법맥을 이어받았다. 선의 종지, 불교 교리뿐 아니라 유교, 도교 등 모든 교학에 통달하였고 범어 관계의 책에도 능통

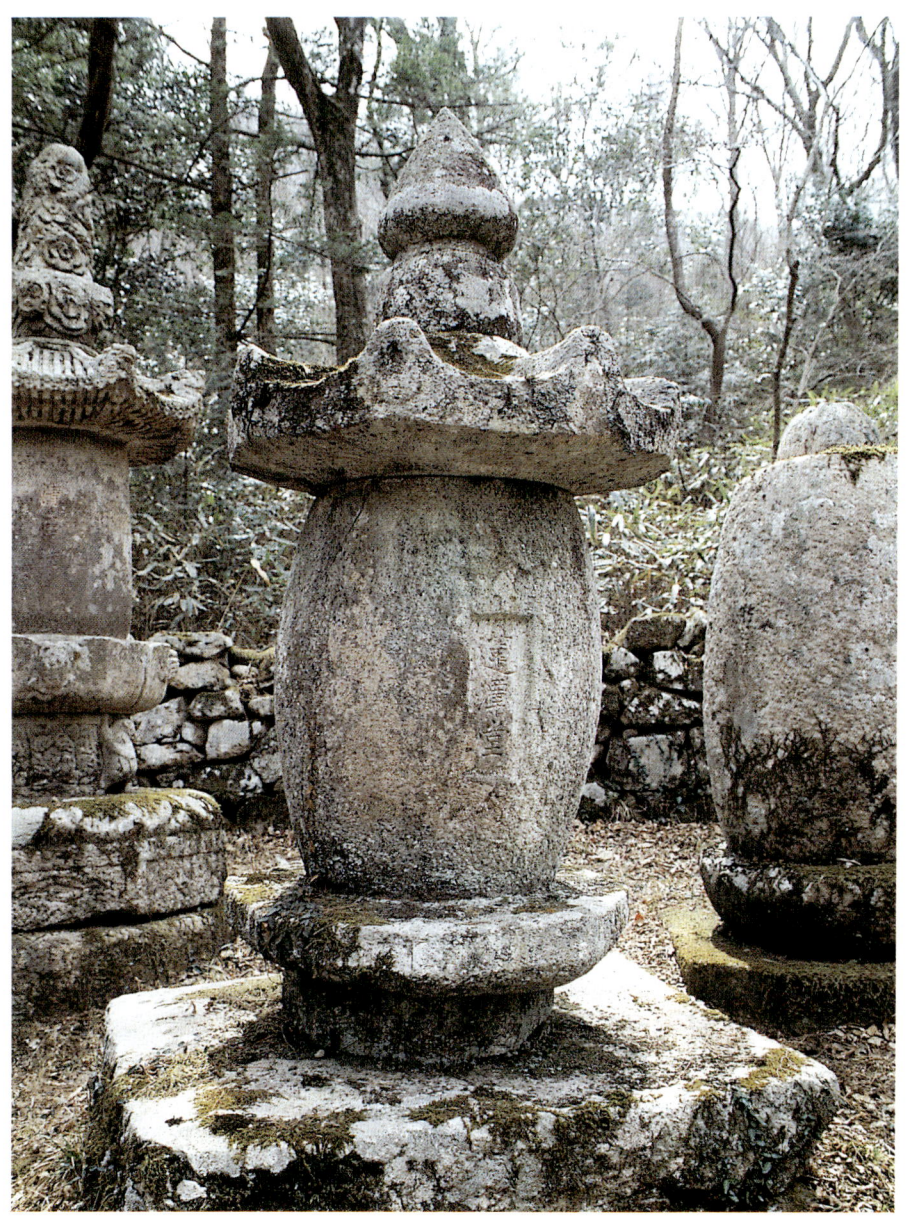

부도밭에 있는 연담 대종사 부도 연담 대사는 대흥사의 열두 번째 조사이다.

하였다. 스님의 교우 관계를 보아도 추사(秋史) 김정희(金正喜), 다산(茶山) 정약용(丁若鏞), 해거도인(海居道人) 홍현주(洪顯周) 등 유학의 대가들과 폭넓은 교류가 있었다.

그런가 하면 맥이 끊어져 가던 차 문화를 일으켜『동다송(東茶頌)』같은 명저를 남겼으며 선운사 백파 스님이『선문수경(禪文手鏡)』을 지어 오직 선만을 닦을 것을 주창하였을 때 초의는『선문사변만어(禪門四辨漫語)』를 지어 오직 선교 하나만 고집할 것이 아님을 주장하였다. 이번에는 백파가 초의의 이런 논지를 반박하여 "선교가 둘이 아니라 한 것은 잘못된 곳(誤處)"이라고 지적하자 초의는 "당신이 오처라고 한 것은 바로 내가 깨친 바의 오처(悟處)"라고 당당히 맞받아쳤다고 한다.

그것은 불가 나름의 실학 정신이었다고 할 수 있다. 초의는 22세 때부터 선객(禪客)으로 운수 행각(雲水行脚)을 하다가 크게 깨달아 이후로는 대흥사 동남 계곡에 일지암을 짓고 다도 삼매(茶道三昧)에 들었다. 고종(高宗) 3년(1866)에 입적하였는데 세수는 81세, 법랍은 65세였다. 스님은 서산 대사 이후 대흥사를 일으킨 중흥조이며 다도를 실천하고 시화(詩畵)를 제작하는 등 풍류를 즐겼던 도인이지만 백파 선사와의 논쟁을 담은『사변만어(四辨漫語)』같은 좋은 논문을 남긴 훌륭한 학승이기도 하다.

13대강사

대흥사의 13대강사로 손꼽히는 스님들은 모두 제10대 대종사였던 호암 체정 스님의 문도들이다. 언제부터 이러한 칭호를 얻게 되었는지는 확실치 않으나『대둔사지』에 실린 것으로 보아 이미 초의 선사 시대에까지 그 흐름이 있었던 것으로 보인다.

첫번째 만화 원오 대강사(1694~1758년)는 속성이 이씨이며 해남 사람이다. 젊었을 때는 수군(水軍)에 뽑혀 군영(軍營)의 공생(貢生)으로

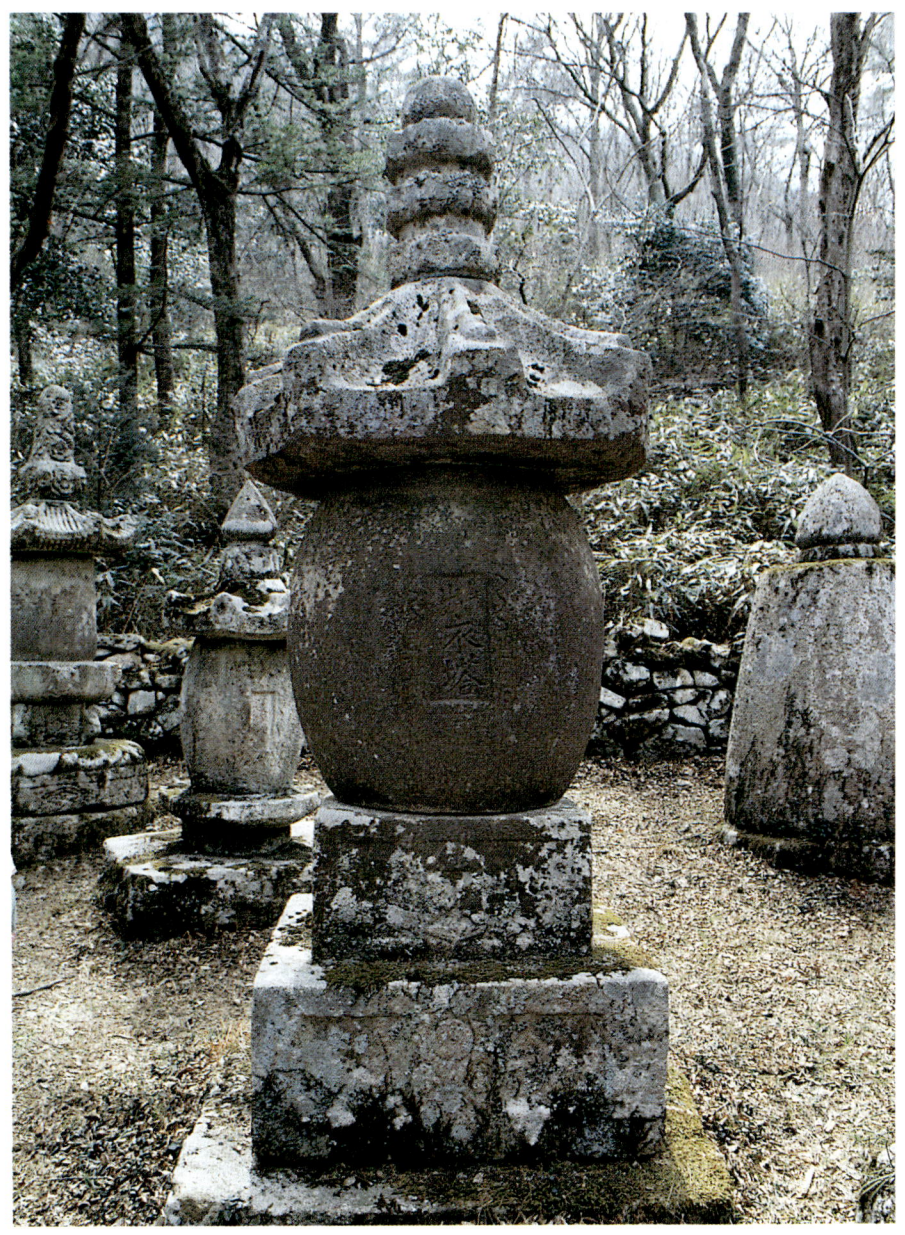

초의 선사 부도 열세 번째 조사인 초의 선사는 서산 대사 이후 대흥사를 일으킨 중흥조이다.

있다가 어느날 대둔산에 들어가 출가하여 승려가 되었다. 그러다가 호암 화상을 만나 뵙고 수학한 지 여러 해 만에 모든 대승 경전의 오묘한 이치를 통달하였다. 이후 금강산, 묘향산, 오대산 등을 두루 돌아다니다가 인허 해안(印虛 海岸) 스님을 만났다. 그 곳에서 스님은 상원(上院)에 있으면서 39품의 종지를 밝혔는데 학인들이 구름처럼 모여들었다고 한다. 만년에는 참선으로써 후학을 지도하는 구경법(究竟法)으로 잠시도 수행을 멈춘 적이 없었다. 영조 34년 8월 7일에 세수 65세로 입적하였다.

두 번째 연해 광열 대강사는 해남 사람이며 호암 화상의 법사(法嗣)로 출생 시기와 행적이 분명치 않고 다만 『사중고기(寺中古記)』에 스님이 늘 대흥사의 약사전(藥師殿)에서 강의를 개설했다고 전할 뿐이다. 한번 선정에 들면 바위같이 부동(不動)하고 신중하여 남이 감히 그 마음을 짐작하지 못하고 두려워했다고 한다. 선(禪)의 강의와 교(敎)의 강의를 막론하고 일세의 종주(宗主)가 되어서 명성이 자자했다.

세 번째 영곡 영우 대강사는 역시 호암의 법사(法嗣)이다. 『사중고기』에는 스님이 늘 지장전(地藏殿)에서 법회를 주관했다고 전하고 있다. 12대 대종사였던 연담 유일이 쓴 『자술연보(自述年譜)』에 따르면 스님은 연담 유일의 스승 또는 법형(法兄)이었던 듯하다.

네 번째 나암 승제(懶庵 勝濟) 대강사는 설담 화상에게 사교(四敎)를 배웠고 설파 상언 화상에게 대교(大敎)를 배웠다. 설파 화상에게 인가를 얻고 우연히 대흥사에 들렀다가 설담 화상 밑에 입실하게 되었다. 그 인연으로 대흥사의 정진당(精進堂)에서 강의를 조직하여 정기적인 법회를 개설하였는데 동참하는 학인들이 수백 명이었다고 한다. 그러나 만년에 이르러서는 자신에게 화엄경을 가르쳐 준 설파 화상이 있는 지리산으로 돌아가서 그곳에서 입적하였다. 문하에는 이른바 삼담(三潭)이라 일컬어지는 춘담(春潭), 화담(花潭), 운담(雲潭) 같은 제자가 있었다.

다섯 번째 영파 성규(影波 聖奎) 대강사는 함월 화상의 법사였다고 전한다. 늘 대흥사의 약사전에서 강의를 했다. 은봉 두예(隱峯 斗藝) 스님은 "연담 유일 화상이 입적한 뒤로 다문(多聞)으로나 덕망으로나 영파 스님보다 더 높은 사람이 없었다."라고 회고하고 있다.

여섯 번째 운담 정일(雲潭 鼎馹) 대강사는 제4대 대강사였던 나암 승제 스님의 사제(嗣弟)가 된다. 늘 대흥사의 정진당에서 강의를 열었다고 하며 저술로서 『운담시문집(雲潭詩文集)』 1권이 현존한다.

일곱 번째 퇴암 태관(退庵 泰瓘) 대강사는 설파 상언 화상의 법사이며 호암 화상의 법손이 되는 셈이다. 청운당(靑雲堂)에서 강의를 열었다고 전한다. 특히 화엄학의 대가였으며 성품이 엄준하여 고요한 곳을 찾아 참선을 즐겼으며 번잡한 것을 싫어했다고 한다. 지리산에서 오래 은거하다 대중의 간청으로 대흥사에서 법회를 열었으나 만년에는 다시 지리산으로 돌아갔다. 부도와 탑은 담양(潭陽)의 용흥사(龍興寺)에 세웠다.

여덟 번째 벽담 행인(碧潭 幸仁) 대강사는 서산의 법제(法弟)인 부휴(浮休)의 후예로서 『고기(古記)』에 따르면 영해(影海)의 법손이며 풍암의 직계 손자이다. 스님이 법회를 주관하던 곳은 대흥사 승당(僧堂)이었다 한다.

아홉 번째 금주 복혜(錦洲 福慧) 대강사는 화악의 증손이며 벽허(碧虛)의 손(孫), 월파(月坡)의 사법 제자(嗣法弟子)인 셈이다. 속성은 권(權)씨이며 원래 성격이 호탕하고 대장부의 기개가 있었다고 전한다. 대흥사에서 스님을 높이 평가하여 미약한 당시의 불문(佛門)을 다시 현양시켜 줄 것을 간청하므로 스님은 이곳에 머물면서 용화당(龍華堂)에서 법회를 열었다고 한다.

열 번째 완호 윤우(玩虎 尹佑) 대강사는 연담 화상의 법손이며 백련 도연(白蓮 燾演) 스님의 법사이다. 청풍료(淸風寮)에서 법석(法席)을 개설했다고 한다. 초의 선사의 기록에 의하면 연담 유일의 문집을 편찬할 때에 윤우 스님이 자료 정리와 교정까지 맡았다고 한다.

열한 번째 낭암 시연(朗嚴 示演) 대강사는 화악의 증손이며 송파(松坡) 스님의 법손, 송암(松菴) 스님의 사법 제자(嗣法弟子)이다. 대흥사 약사전에서 법회를 개설했다고 한다.

열두 번째 아암 혜장 대강사(1782~1811년)는 속성이 김씨요, 자는 무진(無盡)이었다. 어렸을 때 출가하여 대흥사에서 스님이 되었다. 혜장은 법명, 호는 연파(蓮坡)이며 출가 전에 이미 외전(外典)을 통달하였던 스님은 입산 후에는 연담 화상과 운담(雲潭) 스님께 내전(內典)을 배웠다. 27세 때 정암 낭원(晶巖 郎圓) 화상을 뵙고 법을 구하였다. 30세 때 이미 박학과 달변으로 명성을 떨쳐 대흥사의 청풍당에서 법회를 열고 주관하였다. 평소『논어(論語)』『주역(周易)』등을 잘 인용하였고 불교 경전 가운데『능엄경(楞嚴經)』과『기신론(起信論)』을 특히 좋아하였다고 전한다. 순조 11년 30세로 요절하였다. 학문이 깊어 자주 연담 유일과 대비되기도 하는데『고기』에서는 연담 유일을 대련(大蓮), 연파(蓮坡) 스님을 소련(小蓮)이라 부르기도 한다.

열세 번째 범해 각안(梵海 覺岸) 대강사(1820~1896년)는 13대 대종사의 경우와 마찬가지로 13대 대강사로 불리는 범해 스님으로『대둔사지』를 편찬하던 초의 스님 때까지만 해도 이름이 빠졌던 분이다. 속성은 최(崔)씨이며 완도군(莞島郡) 군내면(郡內面) 사람이다. 어렸을 때 대흥사에서 호의 시오(縞衣 始悟) 화상을 은사로 섬겨 득도하고 구족계를 받았다. 경, 율, 논의 삼장에 정진하였으며 유교, 도교 등 각종 내외전의 모든 서적에 능통하여 많은 학자들로부터 존경을 받았다. 고종 23년에 세수 77세로 입적하였다.

두륜산 대흥사와 십리 숲길

　대흥사는 '가련봉' '노송봉' 등의 이름난 봉우리가 흘러내려 펑퍼짐하게 펼쳐진 넓은 산간 분지 중턱에 자리잡고 있는데 사방을 산줄기가 휘어감고 있어 그 모습이 쉽게 밖으로 드러나지 않는다. 대흥사 입구 너무내 계곡으로부터 절 안마당에 이르기까지 계류를 따라 들어가는 십리 숲길은 계절에 따라 제 빛을 발하는 아름다운 풍광 때문에 절이 지니는 가치만큼이나 세인들의 칭송을 받고 있으며, 그 황홀경이 오래도록 기억에 남는다. 진입로 어귀에는 근년에 새로 세운 산문(山門)이 우뚝 서 있다. 문에는 "두륜산 대둔사(頭輪山大芚寺)"라는 옛이름을 되살린 현판이 걸려 있어 여기서부터 사찰의 경역이 시작됨을 알려 준다. 대개는 사문(寺門)이나 산문이 외줄 기둥에 지붕을 얹은 일주문 형식인데 비해 이곳 산문은 넓은 2차선 포장도로를 가로지르는 높다란 집을 구성하기 위해 기둥을 둘씩 짝지어 세운 사주문 형식이다.

　문을 들어서서 휘돌아 흐르는 계류를 따라 긴 나무 터널 속을 지나는 십리 숲길 좌우에는 '소나무' '동백' '왕벚나무' '떡갈나무' '편백' '삼나무' '단풍나무' '대나무' '배롱나무' 등 남도의 식물상이 모두 갖추어져 있다. 또 이러한 좋은 수림과 계류로 이루어진 자연 환경에서 여러 종류의 텃새들, 꿩, 멧비둘기, 박새, 찌르레기, 참새, 떼까치 등이 더불어 살며 다람쥐, 산토끼, 고라니, 오소리 등의 야생 조수가 서식하기도 한다. 특히

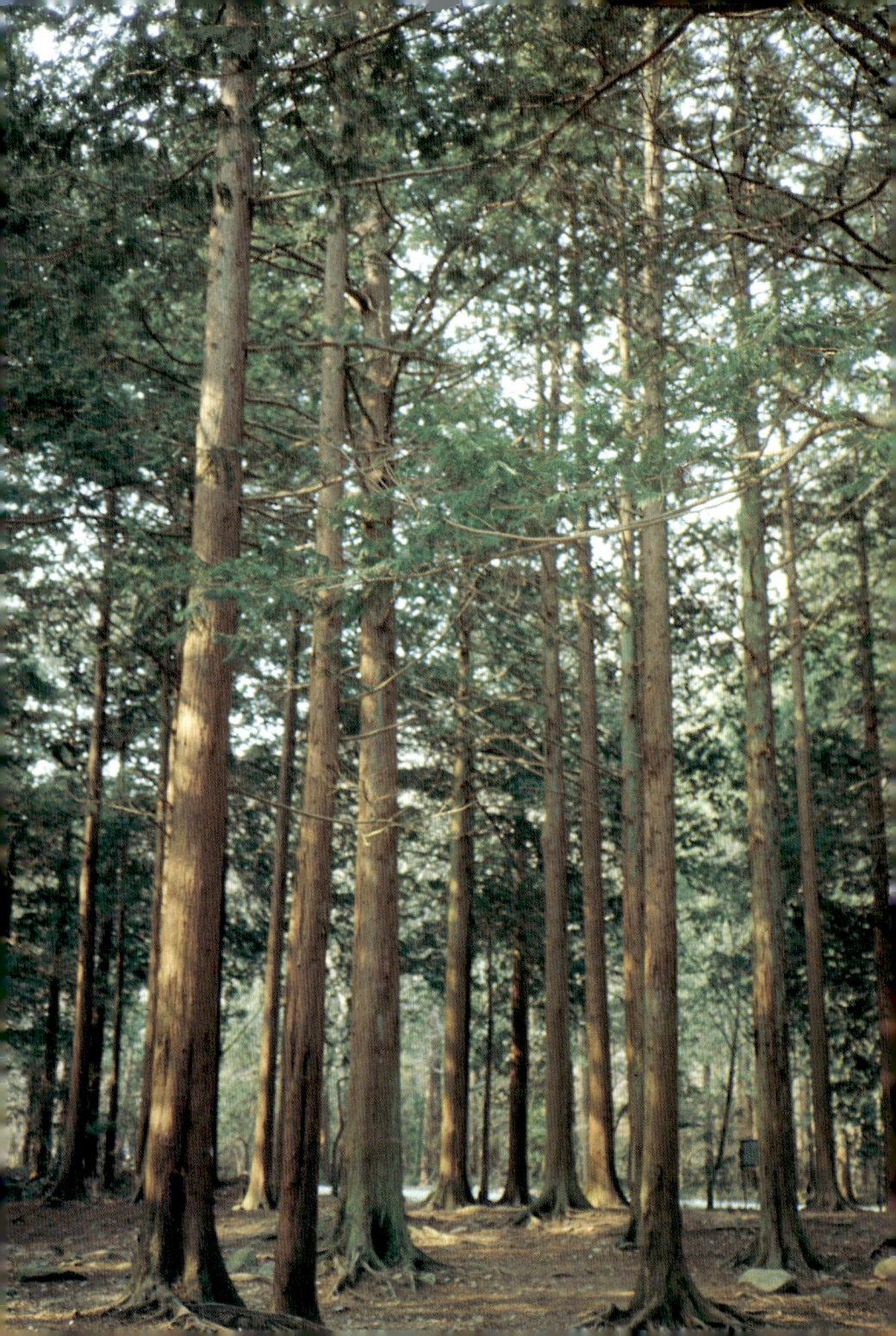

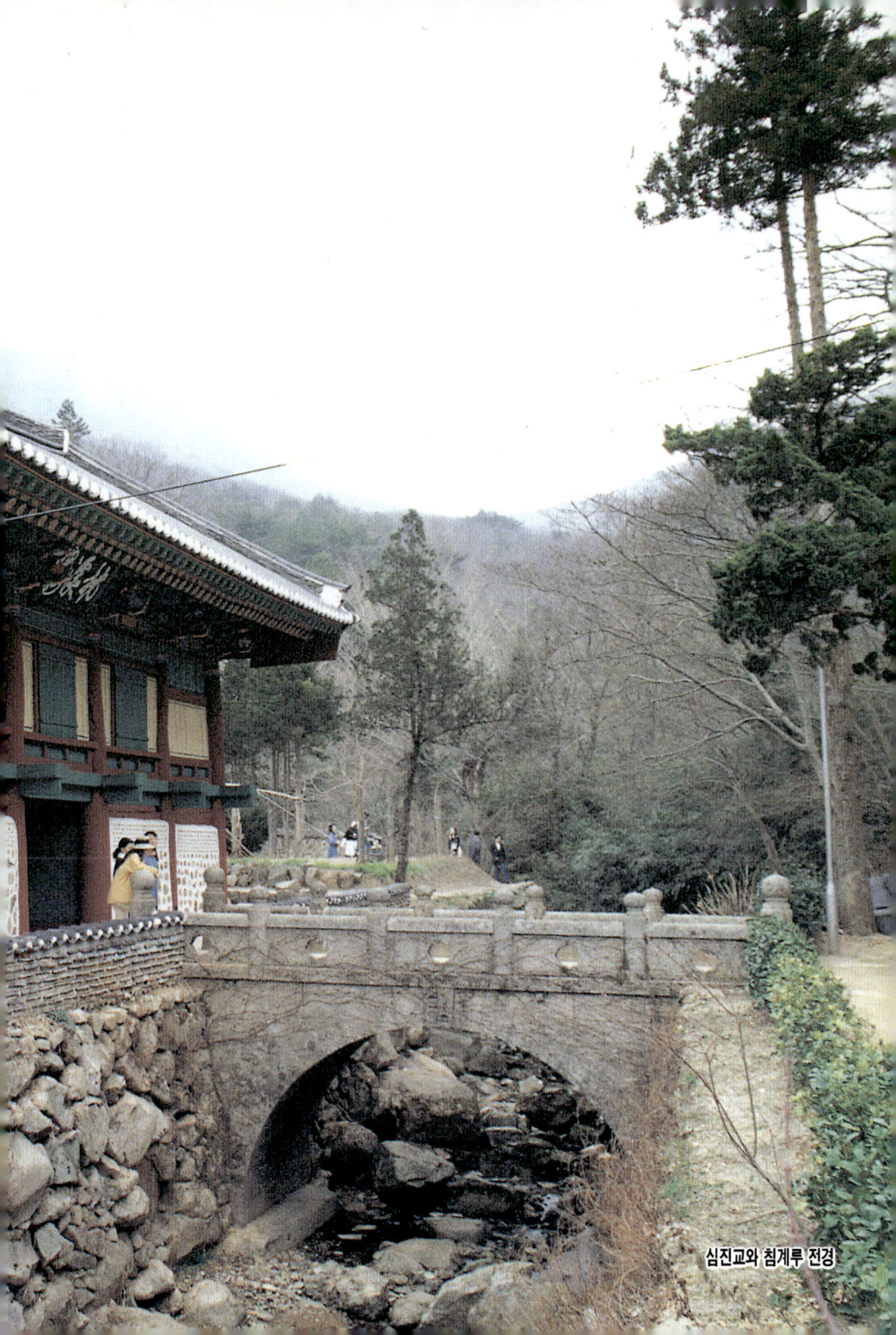

심진교와 침계루 전경

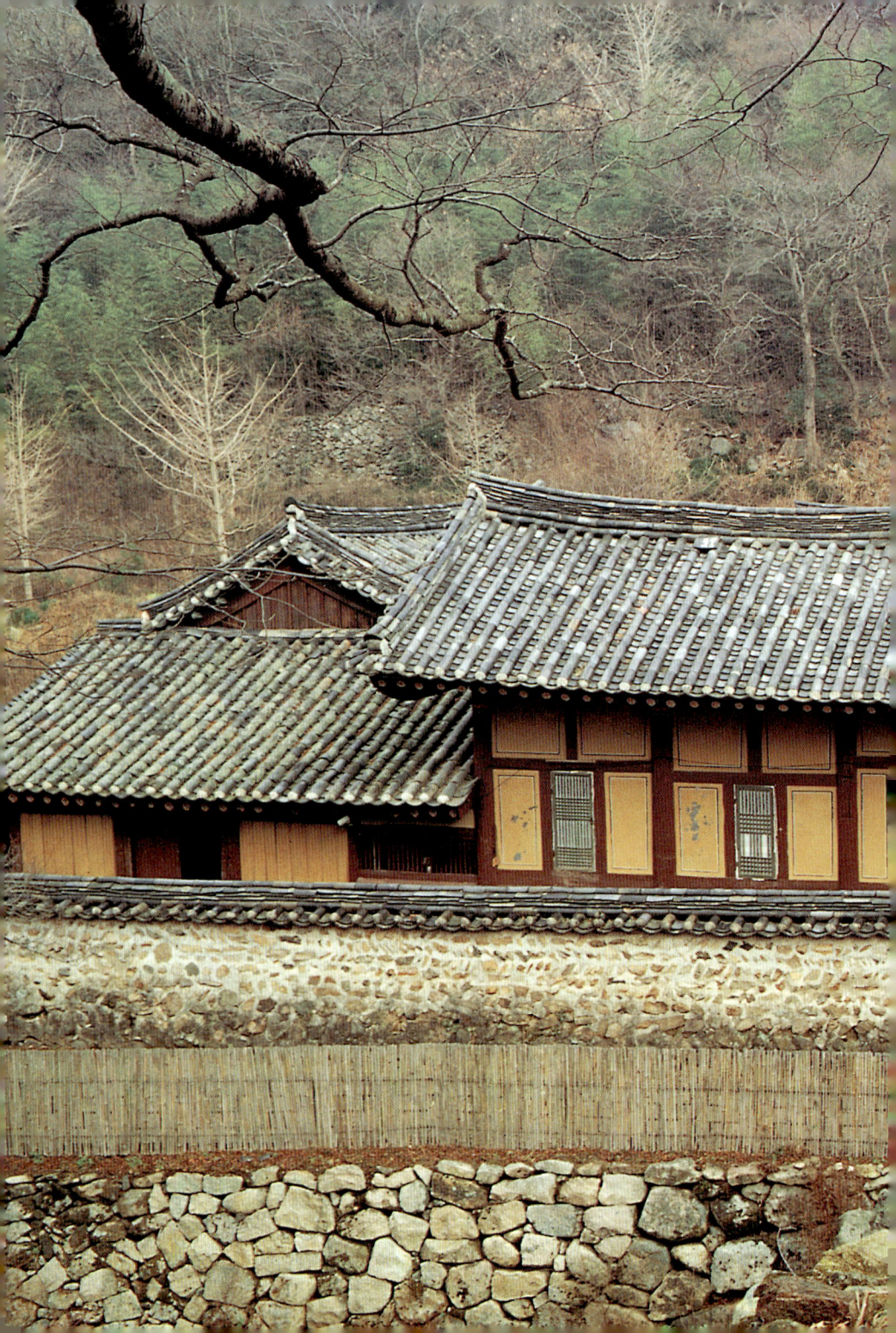

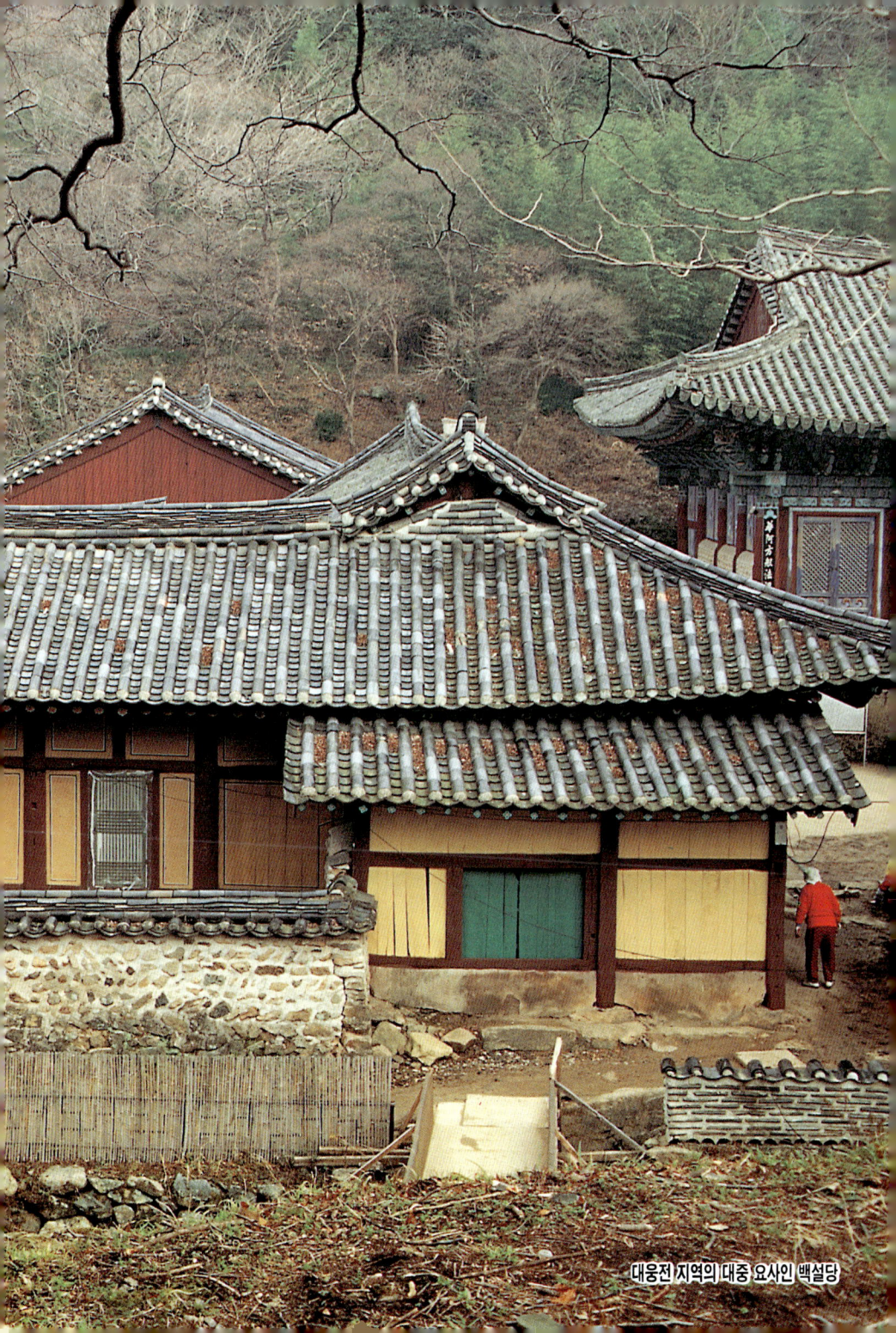

대웅전 지역의 대중 요사인 백설당

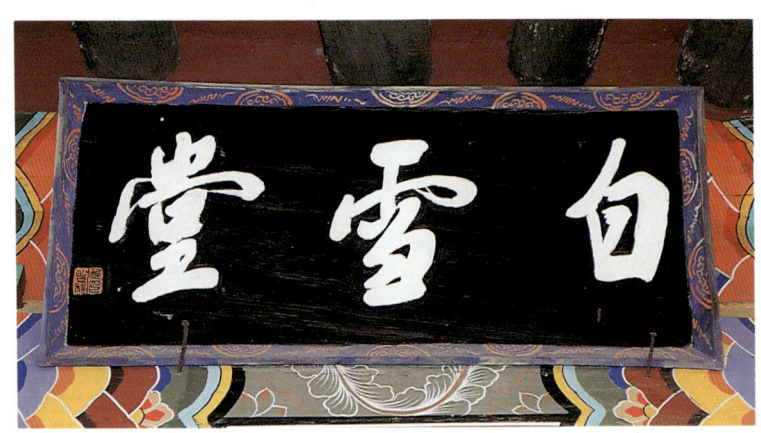

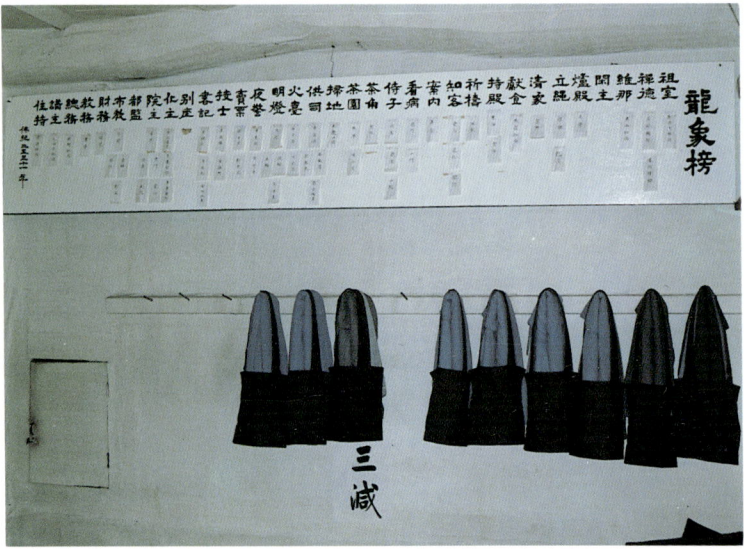

백설당 현판 해사 김성근의 필적이다.(맨 위)

백설당 대중방의 옛모습 부엌 쪽을 향한 벽에 사찰의 소임을 맡은 분들의 방명이 적힌 용상방(龍象榜)이 붙어 있다.(위)

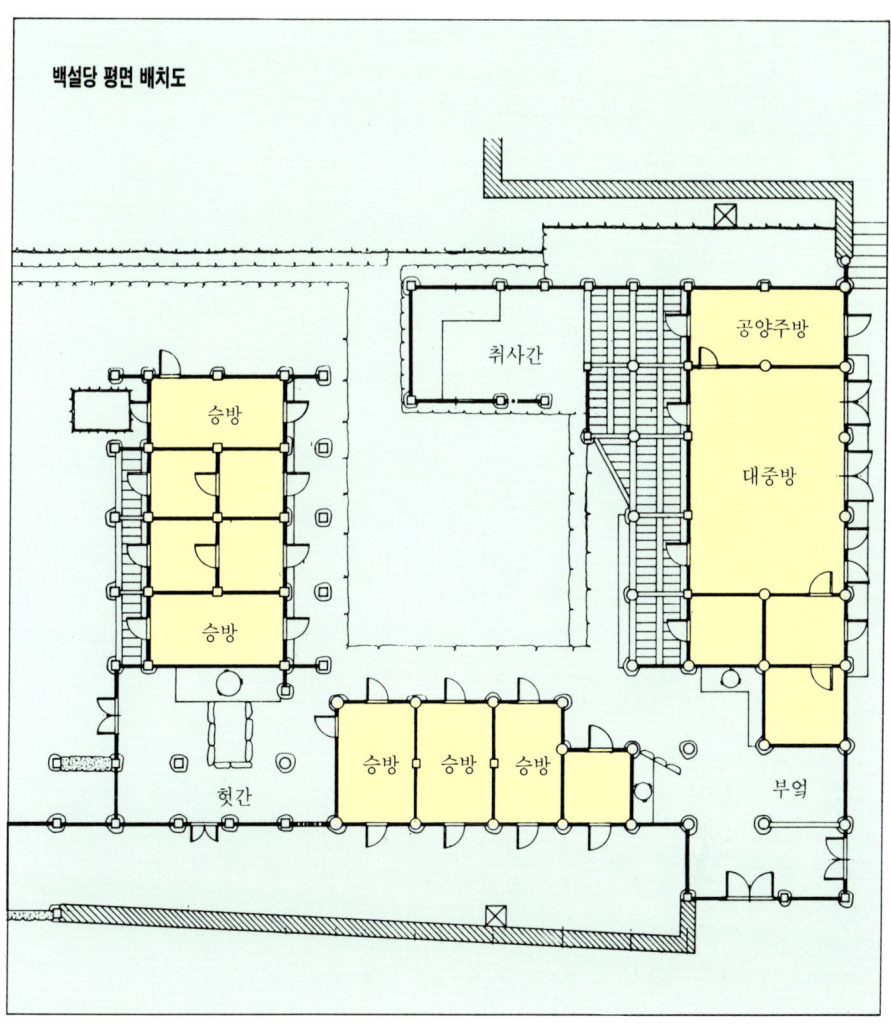

백설당 평면 배치도

승방

승방

취사간

공양주방

대중방

승방 승방 승방

헛간

부엌

안마당 서변을 이룬 집채에는 작은 방들이 두 줄 겹집으로 배열되고 그 앞뒤에 툇마루가 연결되었다.

여기 대중방에서는 절 안의 스님들이 모두 모여 공양하고 공회(公會)와 정진 수행을 하는 등 사찰 내의 모든 대중 법요가 치러진다. 근년에 개·보수하면서 북쪽채의 취사칸을 분리해서 별동으로 꾸몄고 높은 방벽 중간 높이(중방 위치)에 설비되었던 널마루 다락을 없애서 방의 천장이 높아졌다. 그래서 외모로는 단층집이나 내부로는 이층집으로 활용되던 재래 승방의 더그매 수장 공간이 없어졌다. 안마당 중심에서 사변 지붕을 보면 그 용마루 높이가 서로 다르게 접속되었고 부엌과 헛간이 있는 꺾임 부위에는 밖으로 돌출된 벽을 쫓아 눈썹지붕이 달려 있어 변화있고 재미있는 외관을 볼 수 있다. 맑고 아담한 벽체 치장이며 막돌과 회줄눈친 담장이 후원 생활을 감싸준다. 이 승방의 건립 시기는 분명치 않으나 대웅전보다는 후대에 건립된 것으로 보인다. 고종 광무 3년(1899) 10월에 서상실(西上室)에서 불이 나서 북원 일곽의 건물이 모두 타버리고 2년 뒤에 새로 지었다고 전하는데 이때 완전히 복원되지 못하여 중수 불사로 남아 있다.

남원·천불전 일곽

해탈문에서 침계루 앞으로 이어지는 주 진입로 남쪽으로 펼쳐진 광활한 터전에 큰 도량이 형성되었다. 이 일대는 멀리 두륜산의 거봉인 가련봉, 노송봉에서 흘러내려 온 자락이 펑퍼짐하게 퍼지고 주변 지세보다는 다소 도드라져 있어 대흥사 가람 내의 중심 도량임을 느끼게 한다.

도량 입구 해탈문으로부터 저만치 떨어져 가허루와 천불전, 용화당, 봉향각, 동국선원 그리고 몇 채의 승방들로 짜여진 천불전 일곽이 자리 잡고 있다.

그 전면에 전개되는 공허한 뜰에도 절이 한창 융성하던 시절에는 또 다른 당우들이 들어섰음직한데 지금은 초의 선사가 중창시 조성했다는 무염지(無染池) 연못만이 그 가장자리에 있다. 또 천불전 일곽의 바로 남쪽에 접속되어 여러 층의 축단으로 조성된 넓은 대지 위에도 옛 기록에 보이는 여러 당우들이 자리했을 것이라 추측되지만 지금은 근래에 세워진 사리탑이 외롭게 지키고 있을 뿐이다.

큰 대문채와도 같이 평범한 단층 5칸 맞배집으로 구조된 가허루(駕盧樓)의 중앙 문간을 거쳐 천불전 내정에 들어서면 정면의 높은 축단 위에 천불전 불당이 마주보이고 왼쪽에는 노전채 봉향각이, 오른쪽에는 옛 강원이던 용화당이 마당 둘레를 에워싸고 있다.

용화당 처마 밑 기단에 들어서서 다시 천불전 옆 좁은 계단 길을 오르면 돌담 안에 갇혀 있는 선방에 이르게 된다. '동국선원'이란 편액이 말하듯이 대흥사의 큰선방이기도 하였고 강사 스님들이 머물기도 했던 이 'ㄷ'자 건물이 지금은 주지 스님의 거처로 활용된다.

용화당 담장 남쪽에 내어진 사주문을 들어서면 두 겹으로 축단된 대지 위에 작은 불전과 두 채의 승방이 마주보고 있는 형태로 세워져 도량 안의 작은 별원같이 느껴지기도 하는데 근년에 재축된 종무관장 사무소와 삼직 스님, 절에 머무는 처사들의 처소로 사용된다.

또한 무염지 앞에 최근 건립된 동다실(東茶室)은 차 문화의 산실이던 대흥사의 전통을 한껏 살려 청초하고도 짙은 차 향기를 풍기는 듯한 자태의 담아한 건물이다.

19세기 초에 남원(南院)에 일어난 큰 화재 이후(1813년) 중건되었다는 현재의 불전과 당우들은 절의 본래 모습과는 크게 달라진 형상인 듯하며 단지 빈 채로 남아 있는 건물터의 장대석 기단과 계단 등의 석물에서 융성하던 시절의 영화를 되새겨 볼 수 있을 뿐이다. 넉넉한 부지 상황으로 보아 『대둔사지』에 기록되어 있는 남원 소속 건물들 곧 극락전, 대장전, 약사전, 지장전, 보현전 같은 불·보살전이 들어설 만하다.

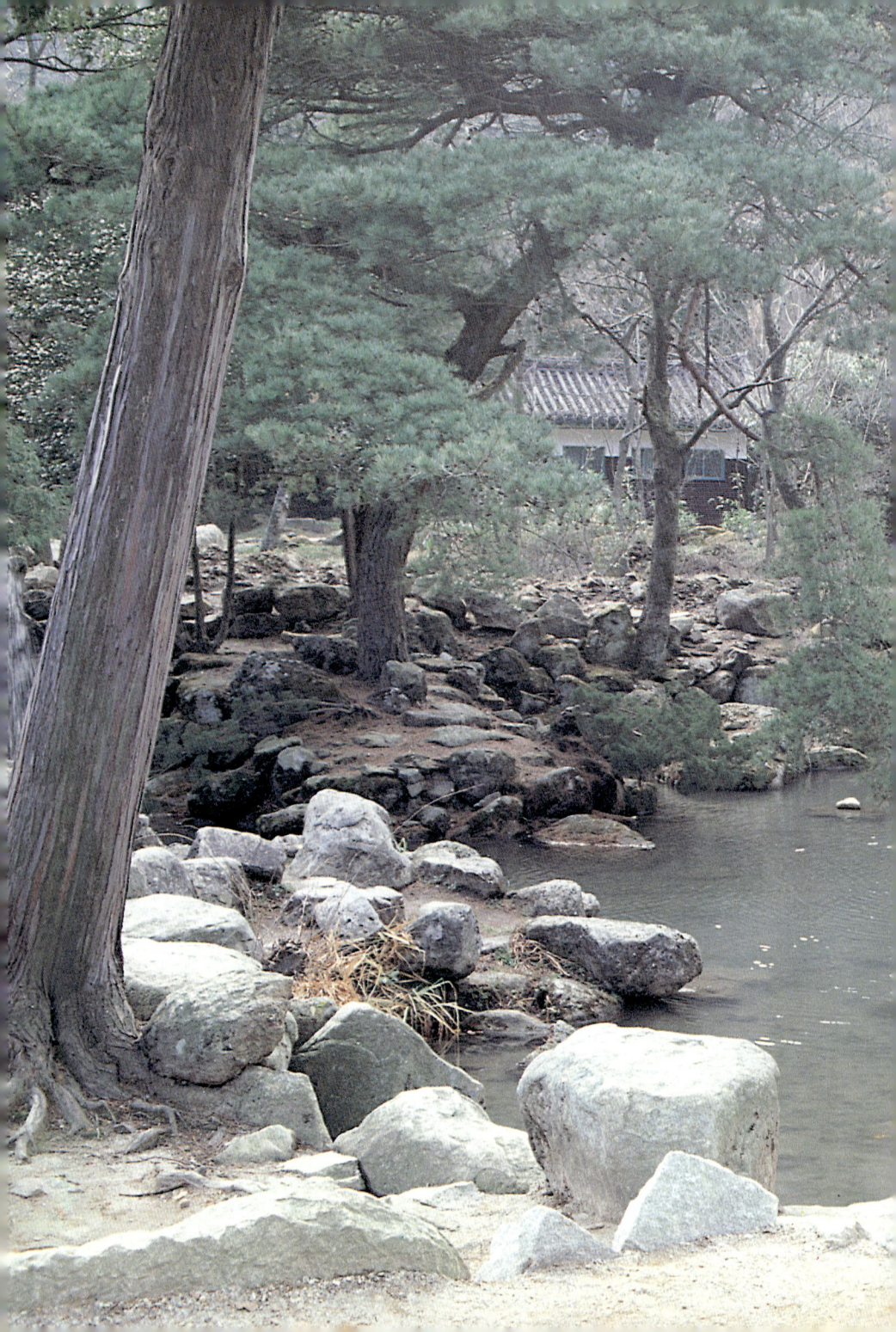

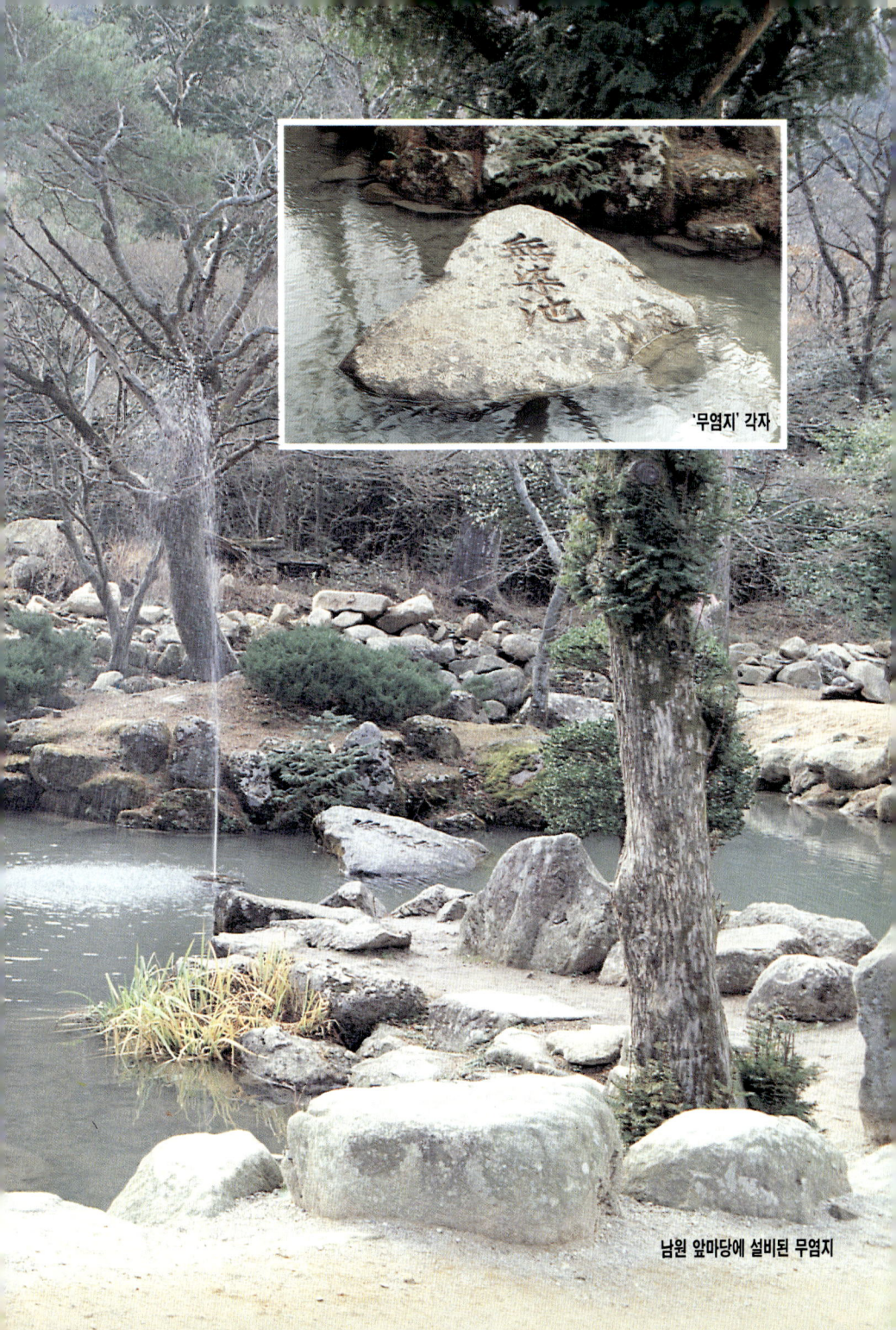

'무염지' 각자

남원 앞마당에 설비된 무염지

또한 용화당, 적조당, 팔해당, 영자각, 청풍료, 정진당 같은 여러 승·선당 들이 충분히 들어설 수 있을 만한 큰 도량터임을 실감하게 된다.

특히 조선시대 후기에 대흥사의 사원 경제를 뒷받침하기 위해 승속과 지방 관리들이 합심하여 보사청(補寺廳)을 설치하고 각지에 흩어진 농토를 관장, 경작해 왔던 사실을 볼 때 이를 수용하는 많은 건물(堂)과 요사(寮)들이 협착한 북원보다는 광대한 남원 일대에 자리했을 것으로 추측되기도 한다.

안타까운 것은 새로 지은 건물을 비롯해서 넓은 마당의 조경석과 무염지 주변의 인공적인 식재들이 고찰의 면모를 자꾸 바꿔 가고 있다는 점이다.

천불전(千佛殿)

남원 중심곽의 가장 안정된 곳에 자리잡은 남원 유일의 법당이다. 이 건물은 1811년에 소실된 뒤 완호 스님 등에 의해 중건되었다고 하는데 소실 당시의 건물명에는 '천불전'이라는 이름이 없으므로 당시의 '극락전' '약사전' '대장전' 들의 중심 건물이었던 것을 나중에 전용해 사용하지 않았을까 생각되기도 한다.

높은 장대석 축단 위에 세워져 네 귀 추녀는 하늘을 날듯 가볍게 솟아 있다. 두툼한 두리기둥으로 정면과 측면을 각각 3칸씩 구획하고 내부는 기둥 없이 툭 터진 불당 공간이다.

후면 벽에 붙여 벽 전체에 넓게 짜 넣은 불단 위에는 목조 삼존불을 위시하여 경주 옥석으로 조성한 천불상을 여러 줄로 빽빽하게 봉안하였다. 이 천불은 과거불, 현세불이기도 한 천의 제자가 현세의 설법을 들어 미래불이 된다는 의미를 갖고 있는데 저마다의 염원을 품고 부처께 다가서고자 한 정성이 깃들여 있는 듯한 표정이다.

특히 법당 전면에 치장한 꽃살 문짝이 돋보인다. 꽃살은 국화 문양을 연속으로 배치하여 조각했는데 그 조각 수법은 다른 곳의 정교하고 준수

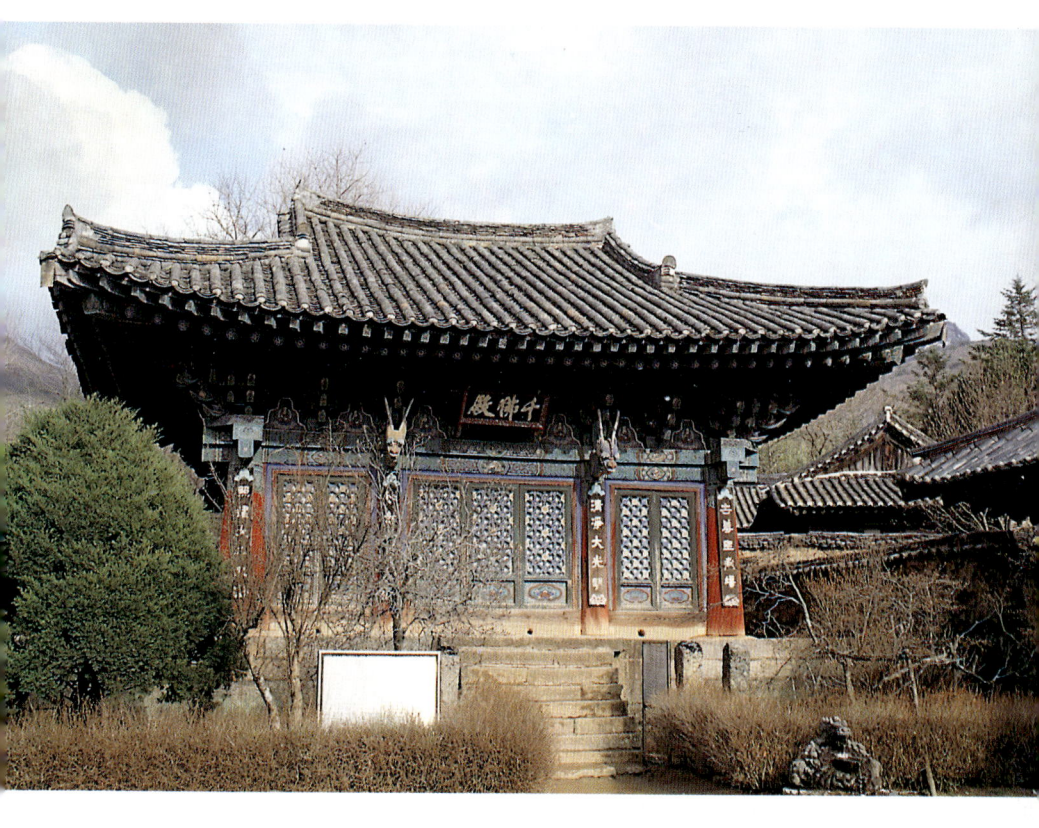

천불전 높은 축단 위에 세워져 하늘을 날 듯 추녀가 솟아 보인다. 1813년에 중건되었고 좌우로 용화당과 봉향각 전면의 가허루가 있어 안마당에서는 각종 봉불 의례가 행해진다.

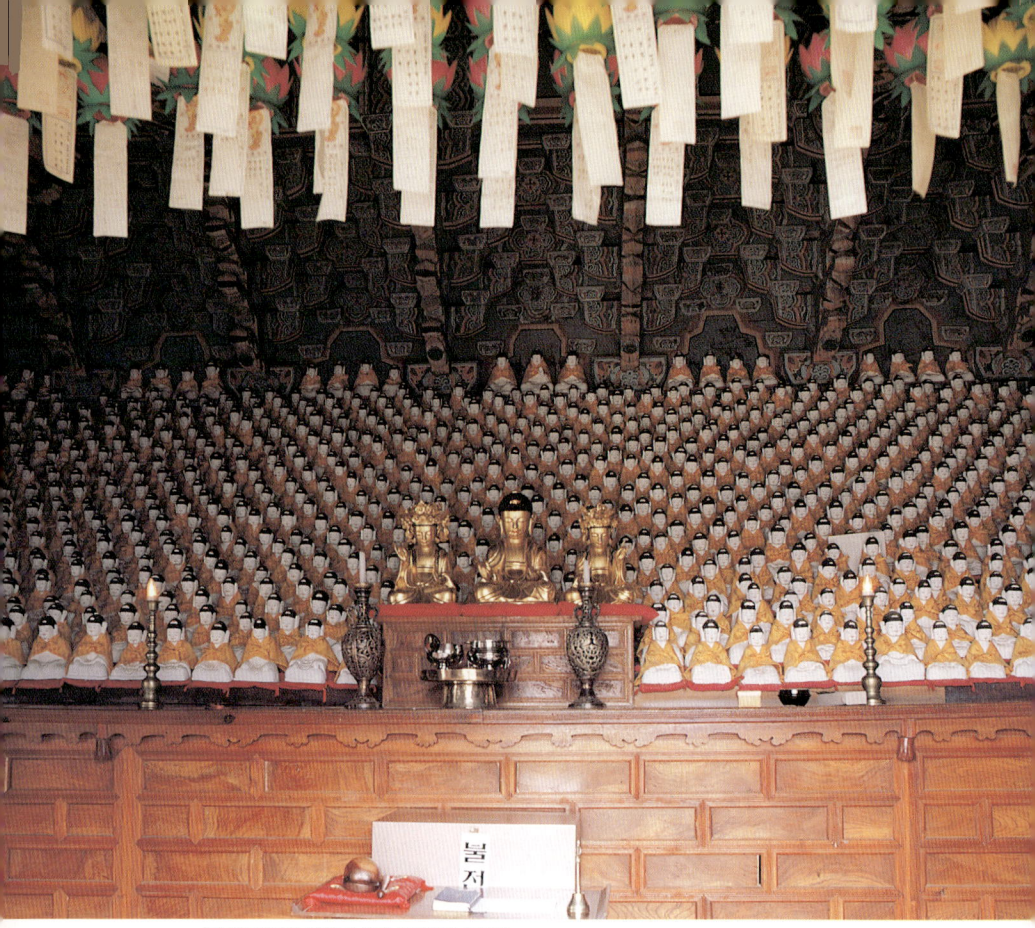

천불전 내부에 봉안된 석가 삼존상과 천불상

한 꽃살에 비하면 부족한 감이 있지만 문짝을 구성한 울거미와 하부 궁창널 치장이 조금은 고급스럽다.

　기둥 흘림은 위로 올라가면서 적절히 체감되어 균형미가 있고 귀기둥과 대들보의 휘어 오름은 자연목 상태의 천연스러움이 있다. 사면 처마 밑에 촘촘히 둘러진 온갖 포작은 외 7포, 내 9포로 현란하다. 기둥 머리 부분 그리고 충량의 용두 머리 조각, 초각재에 나타난 조각 수법, 목부 전체에 색칠한 금단청 등은 조선시대 후기의 특징을 보이며 편액은 원교 이광사의 필체이다.

용화당

　천불전 앞마당 남쪽면 전체를 가로막고 선 남원의 중심 요사이다. 예로부터 강원으로 사용되어 왔으며 큰방과 수학승이 머물던 작은방, 부엌 등이 툇마루에 이어진다. 정면 7칸과 측면 4칸의 높은 몸채에 덧붙여 2칸통 낮은 날개 부분을 'ㄱ'자로 접속시키고 뒷마당 가에 별담을 둘렀다.

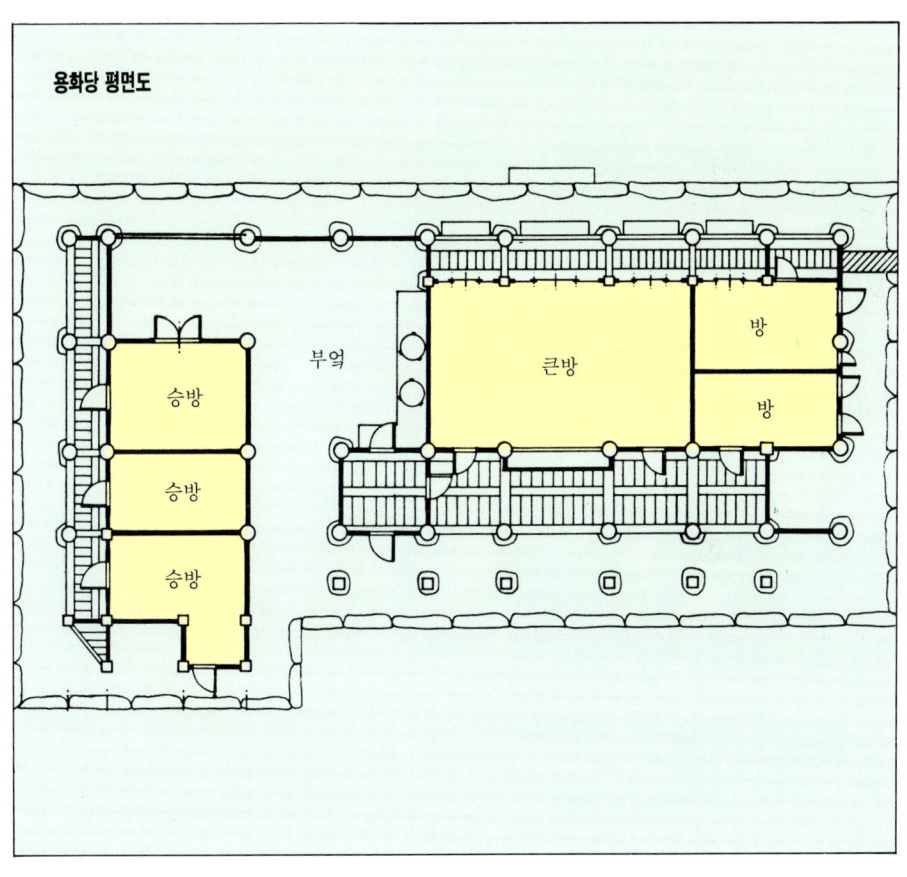

용화당 평면도

승방

승방

승방

부엌

큰방

방

방

이 집의 특징은 4칸통의 몸체 천장에 두꺼운 널마루를 깔고 그 위의 지붕 속을 수장 공간으로 활용한 소위 '더그매 집'이라는 점이다. 부엌 한 쪽에는 투박한 통나무 계단을 가설하고 전면 쪽에만 초가지를 조각하였으며 판벽과 살대 광창이 가벼운 율동감을 보인다. 툭 터진 부엌 상부의 휘어진 대들보와 서까래 등은 자연스러운 형상을 하고 있으며 검게 그을려서 흰색으로 단장된 벽체와 대조된다.

이 건물도 1811년의 화재 때 남원 일대 전각들과 함께 소실된 뒤 이듬해 중건되어 오늘에 이르렀다.

표충사(表忠祠)

천불전 일곽의 끝 부분에서 돌담을 끼고 돌아서면 오른쪽에 서산 대사 유물관과 그 맞은편에 일단의 건물군이 있다. 표충사는 서산 대사(휴정)의 위국 충정을 기리고 그의 선풍이 대흥사에 뿌리내리게 한 은덕을 추모하여 제자들이 1669년에 건립한 사당이다. 이곳은 부처의 삼보 도량 가운데 하나인 승보(僧寶)를 존중하고 받드는 불가의 가르침이 구체적으로 구현된 공간이며 유가(儒家) 형식을 따라 사당을 꾸며 매년 제례와 추모 행사를 받들어 오고 있다.

'표충사'와 '어서각' 현판이 함께 걸린 사당 본전에는 서산, 사명, 처영 스님의 영정이 봉안되어 있고 '서산대사화상당명'과 '교지판'이 양측 면 벽에 걸려 있다. 옆의 조사전에는 대흥사 역대 고승들의 영정이 있고 표충비각에는 '서산대사표충사기적비'와 '표충사건사사적비'가 세워져 있다. 이 3채의 건물은 독특한 문양으로 치장된 돌담 안에 배열되어 있으며 그 외곽에 있는 제실 건물이던 의중당(義重堂)과 부속 승사인 강례재(講禮齋) 주위에는 별담을 두르고 솟을삼문을 세워 사문(祠門)으로 삼고 있다.

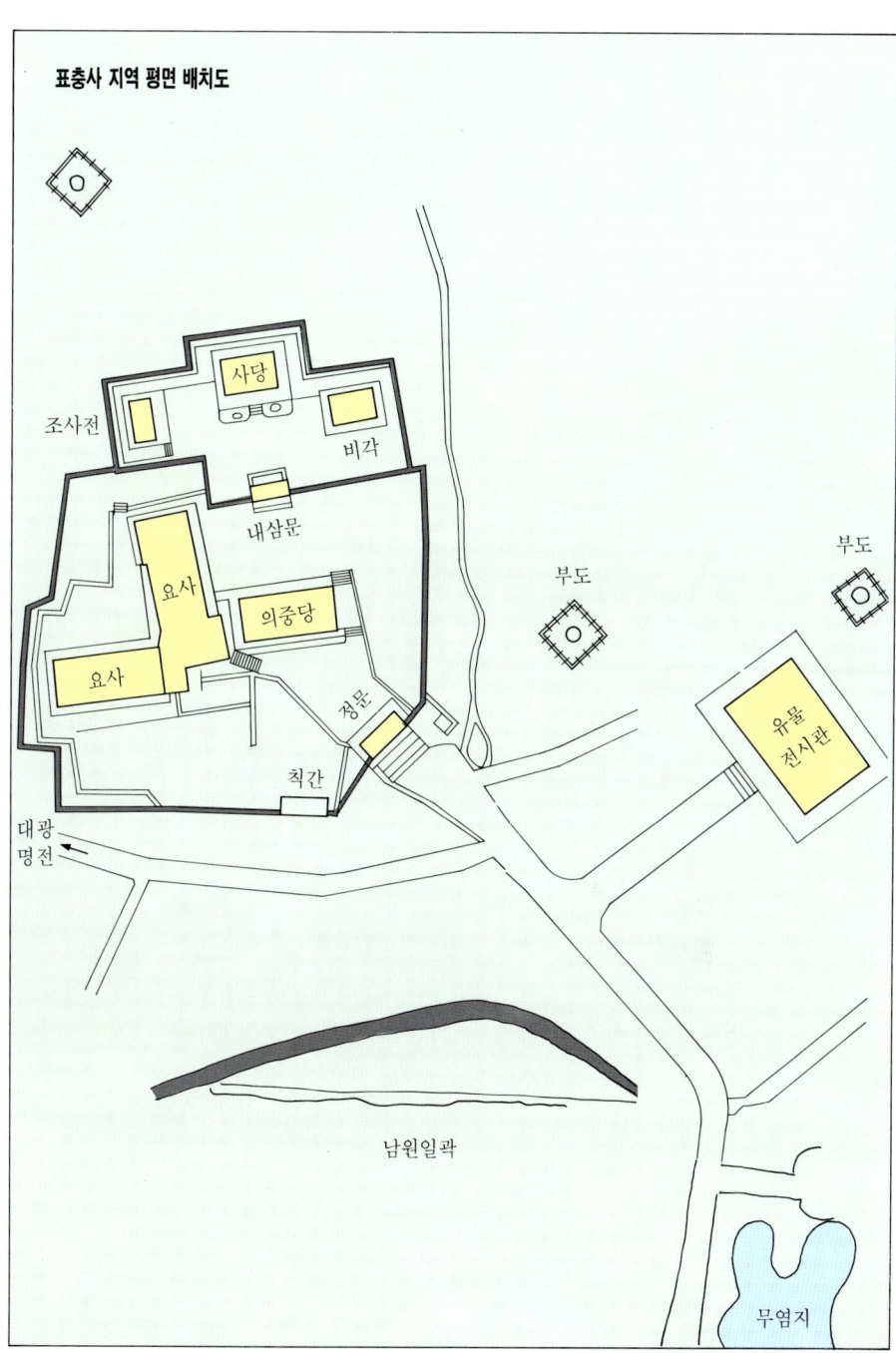

표충사 지역 평면 배치도

조사전

사당

비각

내삼문

요사

의중당

요사

정문

칙간

대광
명전

부도

부도

유물
전시관

남원일곽

무염지

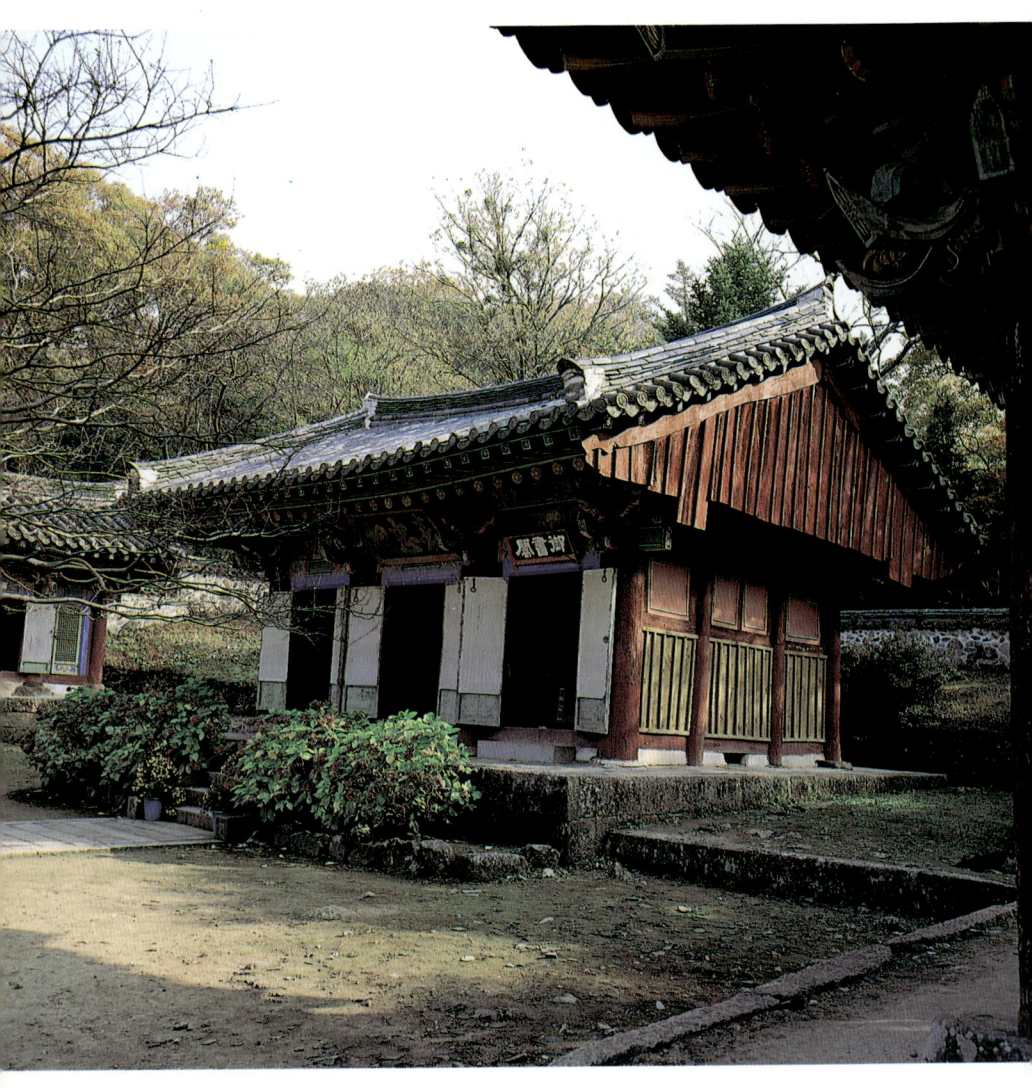

표충사 사당 사당 건물은 장대 기단 위에 단출하게 세운 3칸 맞배집으로 전면은 모두 띠살 분합을 달아 출입하고 나머지 삼면은 판벽이다. '표충사'라 쓰인 현판은 정조 임금이 내린 친필이다.

짜 넣은 출입문이 있고 삼면 벽은 돌담을 쌓듯 막돌과 기와로 층을 쌓아 징두리 벽을 형성했다.

법당 내부의 휘어진 대들보 아래 불단에는 비로자나불상이 봉안되어 있고 천장의 반자 단청 문양과 공포 사이의 예스러운 벽화들이 은은한 고풍을 보여 주며 건물을 장식한 조각들은 밝혀진 건립 연대보다 시대를 거슬러 올라갈 수 있게 한다.

대광명전 동편에 있는 8칸의 긴 보련각은 고승들의 영정을 모셔 두고 선실로 사용하던 건물인데 지금도 선원의 중심 건물로서 여름, 겨울의 안거 기간 중에는 수십 명의 선승들이 참선에 몰입하고 있다.

전면에 낮은 누마루를 길게 붙여 대고 내부는 크고 작은 선방으로 구획했는데 연속된 창호와 계자 난간이 가벼운 율동미를 보여 주어 큰 건물이면서도 경쾌하고 단아한 품새를 보인다.

또한 보련각 전면에는 여기 수선하는 선승들이 거처하는 요사채 1동이 'ㄱ'자 꺾임 지붕으로 배치되어 있다.

안마당을 향한 긴 툇마루에 붙여 여러 개의 방들이 연속되었고 꺾임 부위에 큰 부엌을 두었다. 오량 가구와 굴도리, 홑처마에 가지런한 외벌대 기단, 담백한 회벽 등이 단아한 주가(住家) 같은 모습이다.

부도밭(浮屠殿)

일주문을 들어서면 곧바로 길가에 나타나는 돌무덤 군집이다. 임란 이후 대흥사를 중흥시키고 법향을 크게 빛내 준 스님들의 집단 묘소라 할 수 있는데 보통 산사들의 부도밭처럼 한적하게 자리잡거나 절 입구에 있더라도 저만치 떨어져서 절의 숨은 내력을 묵묵히 되새겨 주는 것과는 다른 인상이다.

나지막한 돌담 안에 다양한 모습을 갖춘 50여 기의 부도와 14기의

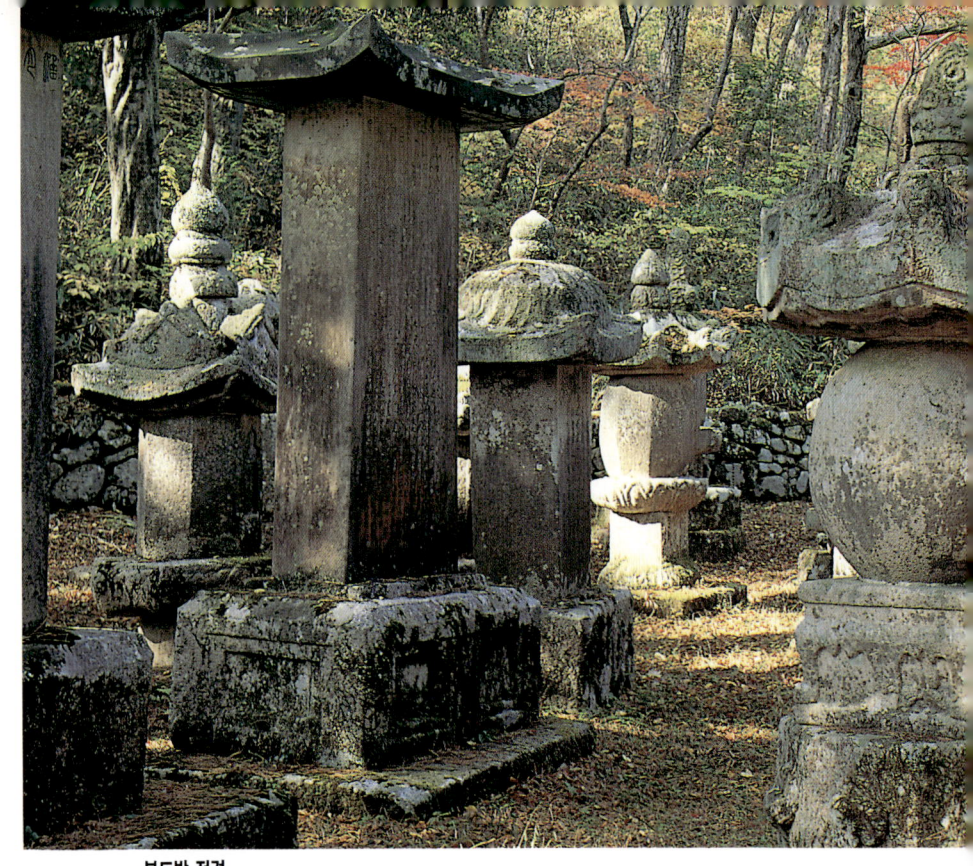

부도밭 전경

탑비가 여러 줄로 도열해 있다. 청허당(서산 대사)을 비롯해서 풍담, 취여, 월저, 설암, 환성, 호암, 설봉, 연담, 초의 등 대흥사 불법을 크게 일으킨 대종사 스님들과 만해, 연해, 영파, 운담, 벽담, 완호, 상월 등의 강사 스님 그리고 여타 고승 대덕의 명호를 탑명에서 읽을 수 있다.

부도와 비의 주인공들이 대개 조선시대 중·후기에 대흥사에서 활약했던 탓에 다소 잡다한 듯 세련되지 않은 양식들이 모아져 있으며 그 규격도 크지는 않다. 그리고 그 선대(통일신라시대와 고려시대)에 봉안된 부도탑과 비에서 느껴지는 섬세함과 웅혼함, 균형 잡힌 고졸한 맛의 조각 솜씨가 드러나지 않아 예술적 감동을 크게 일으킬 정도는 아니다. 그러나 담장 안 맨 뒷줄에 있는 '청허당' 부도와 담 밖의 사적비는 대사

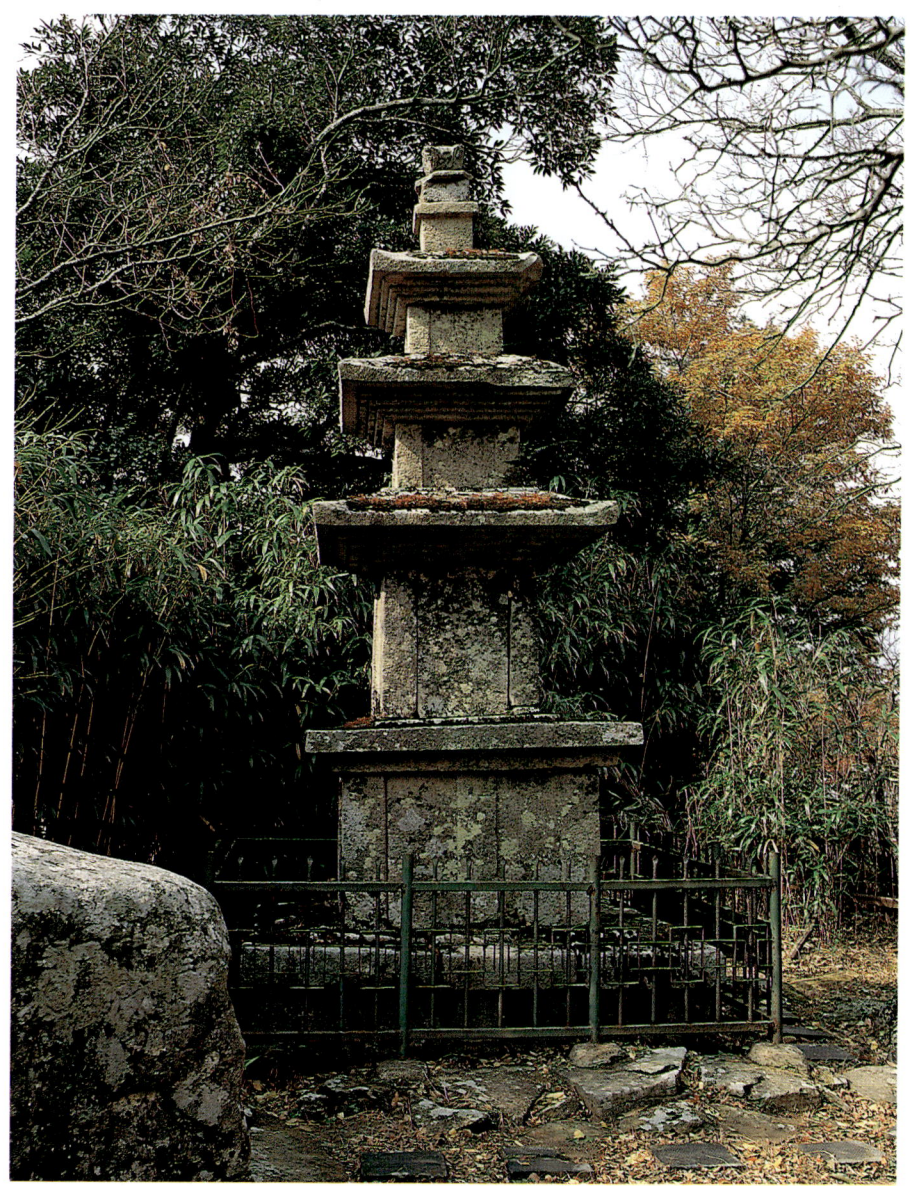

북미륵암 3층석탑 통일신라시대 3층석탑의 전형을 따랐지만 각 부재의 짜임 방식이나 간략화된 양식 등은 고려 석탑으로 이행된 모습을 보여 준다.

1970년경 이 탑에서 발견되었다고 한다.

만일암 터 5층석탑(挽日庵址 五層石塔)

대광명전 북쪽 약 1.5킬로미터 지점의 만일암 터에 위치한 고려시대 석탑이다. 높이 5.4미터. 기단부는 단층 기단으로 4덩어리 중석과 2매의 갑석으로 짜고 우주와 탱주를 얕게 모각하였으며 갑석 상면에는 2단의 각형 괴임을 새겨 탑신부를 받쳤다. 탑신부는 옥신과 옥개가 한 덩어리의 석재인데 초층 옥신만은 두 덩어리의 석재로 포개 놓았다. 이러한 수법은 전남 지방에 전하는 고려시대 석탑과 동일하다. 초층에서 5층까지의 체감률이 급하여 고준(高峻)한 느낌을 준다. 석재의 짜임 방식이나 세부 수법에서 고려 중기 이후의 석탑 양식을 보인다.

부도(浮屠)

피안교(彼岸橋)를 건너 일주문을 지나면 오른쪽에 부도전(浮屠殿 또는 碑殿)이 있다. 이곳에는 서산 대사를 비롯하여 대흥사에서 배출된 13대종사(大宗師)와 13대강사(大講師) 같은 고승들의 사리를 안치한 54기의 부도가 즐비하게 늘어서 있는데 대부분 대흥사가 전성기를 맞이하였던 임진왜란 이후에 조성된 것들이다. 이 밖에 서산 대사 유물관 주위에 2기의 부도가 전한다.

이들 부도는 팔각원당형(八角圓堂形)과 석종형(石鐘形)이 주종을 이루는데 맨 뒷열 중앙에 서산 대사의 부도가 세워져 있다. 형태는 팔각 지대석 위에 팔각의 하·중·상대석을 얹고 그 위에 팔각의 탑신석과 옥개석 그리고 상륜부를 올렸다. 하대석에는 복련(覆蓮)을 돌렸고 중대석에는 4면에 꽃잎을, 나머지 4면에 숫사자와 코끼리 등의 동물을 조각하였으며 상대석에는 앙련(仰蓮)을 돌리고 연꽃잎 사이에 거북, 게, 개구리 등을 조각하였다. 탑신에는 '청허당(清虛堂)'이라는 서산 대사의 호를 새겼다. 옥개석의 아랫면과 낙수면에는 서까래와 기왓골을 정연하게

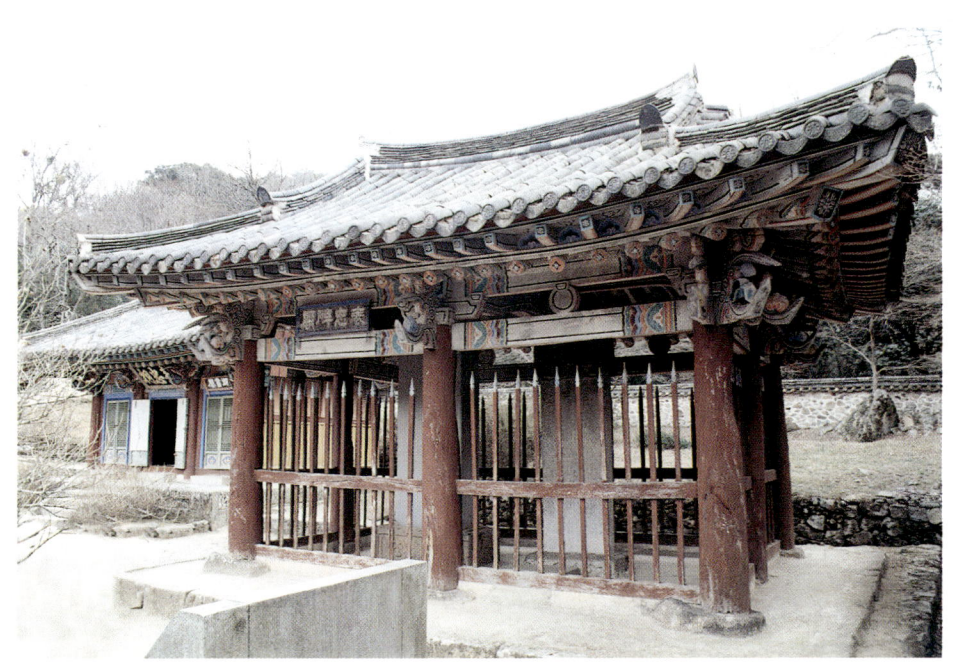

표충사 비각 전경

모각하였는데 추녀의 반전도 뚜렷하며 추녀마루 끝에 새긴 용머리와 다람쥐도 특이하다. 서산 대사의 구비(舊碑)가 건립되었던 1647년(인조 25)을 즈음하여 조성된 것으로 추정된다. 높이 2.65미터, 전라남도 유형문화재 제57호.

비(碑)

부도전에는 고승들의 탑비 18기를 비롯하여 대흥사의 사적과 부속 건물에 관련된 9기의 비가 전하며 표충사의 비각에는 서산 대사 표충사

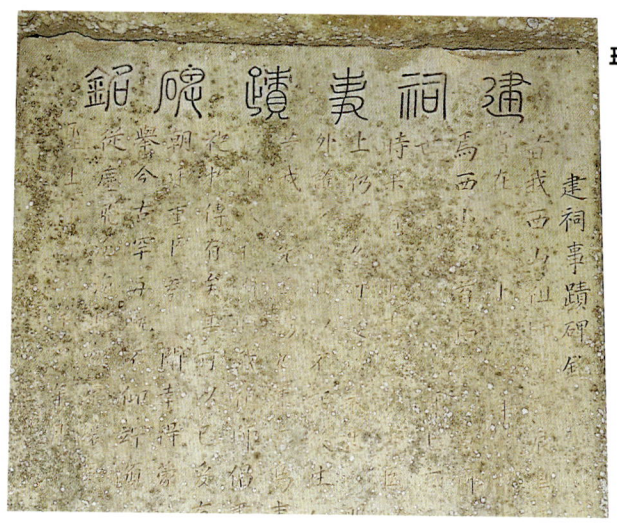

기적비(西山大師表忠祠紀蹟碑, 1791년 세움)와 표충사 건사 사적비(表
忠祠建祠事蹟碑, 1792년 세움)가 전한다. 이들은 17세기 말부터 최근에
이르기까지 대흥사의 역사와 이곳에서 배출된 고승들의 행적을 살피는
데 있어 중요한 사료이다.

석비의 명문은 당시의 명사들이 짓거나 썼는데 풍담 대사 비명(楓潭
大師碑銘, 1692년 세움)을 짓고 쓴 김우형(金宇亨, 1616~1694), 청허
당 대사 비명(清虛堂大師碑銘, 1778년 세움)을 지은 장유(張維, 1587
~1638), 서산 대사 표충사 기적비명을 지은 서유린(徐有隣, 1738~
1802), 대둔사 사적 비명(大芚寺事蹟碑銘, 1803년 세움)을 짓고 쓴 채팽
윤(蔡彭胤, 1669~1731), 연담 화상 비명(蓮潭和尙碑銘, 1803년 세움)
을 짓고 쓴 이충익(李忠翊, 1744~1816), 선□ 대사 비명(禪□大師碑銘,
1855년 세움)을 지은 정약용(丁若鏞, 1762~1836), 완호 대사 비명
(玩虎大師碑銘, 1857년 세움)을 쓴 김상희(金相喜, 1794~1861), 초의
대종사 탑비명(草衣大宗師塔碑銘, 1941년 세움)을 지은 신헌(申櫶,
1810~1888) 등이 대표적이다. 아울러 귀부(龜趺)와 첨석(檐石) 등의
조각 수법에서 조선 후기의 석비 양식도 살펴볼 수 있다.

불상(佛像)

대흥사의 전각과 소속 암자 등에 봉안된 불상들은 마애, 목조, 석조, 금동 등 다양한 재료로 조성되어 있다. 이 가운데 시대가 올라가는 마애 상이나 소형의 금동 불상을 제외한 대부분의 불상은 조선 후기에 조성되었다.

북미륵암(北彌勒庵) 마애 여래 좌상(磨崖如來坐像)

노승봉 아래에 위치한 북미륵암의 거대한 암벽에 양각되어 있는 고려 시대 마애불이다. 높이 4.2미터, 보물 제48호. 연화대좌에 결가부좌(結跏趺坐)하였고 수인은 항마촉지인(降魔觸地印)을 하였다. 소발(素髮)의 머리 위에는 육계(肉髻)가 뚜렷하며 넓적하고 풍만한 얼굴은 근엄하면서도 원만하다. 귀는 어깨까지 길게 늘어졌으며 짧은 목에는 형식적이나마 삼도(三道)가 표현되어 있다. 착의법은 법의(法衣)를 양 어깨에 걸치고 그 자락을 모아 왼쪽 어깨에 끈으로 묶었으며 광배는 두광과 신광을 3중의 원으로 음각하였다. 상체는 풍만하나 하체가 좀 왜소한 편이다. 조각 양식상 통일신라 불상에서 고려 불상으로 변화되는 과정을 보여준다.

광배 밖의 화염문에는 4구의 비천상이 좌우 대칭으로 새겨져 있는데(높이 1.3미터) 한쪽 무릎을 세우고 다른 쪽 무릎을 꿇고서 연화좌에 앉아 연꽃봉오리를 들고 위를 쳐다보고 있다. 겨드랑이에 걸친 천의 자락은 위로 휘날려 하강하는 모습을 표현하였다.

현재 이 마애불을 벽체로 한 목조 전실(木造前室)의 명칭이 용화전(龍華殿)으로 되어 있어 미륵불로 불리어 왔음을 알 수 있다.

소형(小形) 금동 불상(金銅佛像)

서산 대사 유물관에는 소형의 금동 여래 입상, 금동 여래 좌상, 금동

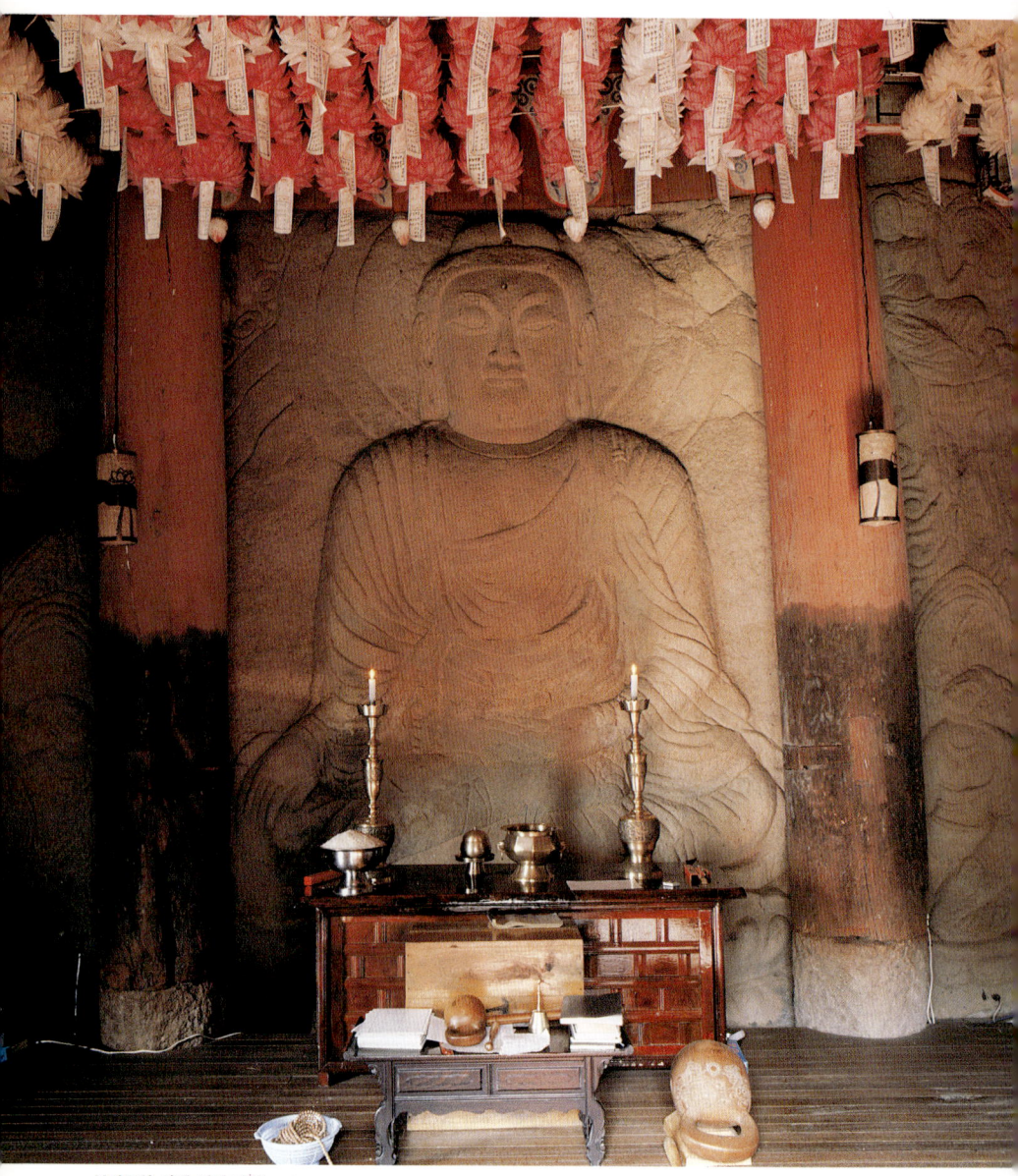

북미륵암 마애 여래 좌상 노승봉 아래에 위치한 북미륵암의 거대한 암벽에 양각되어 있는 고려시대 마애불이다. 높이 4.2미터, 보물 제48호.

탄생불이 전시되어 있다. 여래 입상은 거친 나발의 머리에 육계가 뾰족하게 솟았으며 눈, 코, 입 등의 상호가 치졸하다. 법의는 통견이고 수인은 시무외인(施無畏印), 여원인(與願印)의 통인(通印)을 맺었으며 복련·앙련의 8판 연화대좌에 서 있다. 높이 10.5센티미터.

여래 좌상은 중품 하생인(中品下生印)을 맺은 아미타여래로 나발의 머리에 육계가 크고 상호도 원만하나 어깨가 좁고 법의의 표현이 형식화되었다. 높이 11.8센티미터.

탄생불은 8판의 복련 대좌와 16판의 앙련 대좌 위에 2마리의 용을 새긴 원형대좌를 다시 얹고 그 위에 서 있다. 하체에 속옷만 걸친 채 검지를 펴서 하늘과 땅을 가리키고 있다. 높이 16센티미터. 이 3구의 불상은 1970년경 북미륵암 동탑에서 발견되었다고 하는데 도금이 거의 벗겨져 바탕을 드러내고 있다. 고려시대 불상으로 추정된다.

천불전(千佛殿) 석조 천불상(石造千佛像)

천불전은 1811년의 화재로 불탄 뒤 1813년 중건되었는데 이곳에는 중앙에 목조 석가삼존상이 있고 그 주위에 1000구의 석조 여래 좌상이 장엄하게 봉안되어 있다. 이 천불상은 천불전 중건의 주역이었던 완호(玩虎) 대사의 제자였던 풍계(楓溪) 대사 등이 경주 지역의 옥석으로 6년에 걸쳐 조성하였다고 한다.

1821년 풍계 대사가 쓴 『일본표해록(日本漂海錄)』에 의하면 천불이 완성되자 몇 척의 배에 나눠 싣고 울산을 거쳐 바닷길을 통하여 대흥사로 향했다 한다. 도중에 풍계 대사가 탄 배가 동래 부근에서 풍랑을 만나 표류하다가 일본 나가사키 현에 닿았는데 일본인들이 서둘러 절을 짓고 불상을 봉안하려고 하자 이 불상들이 꿈에 나타나 "우리는 지금 조선국 해남 대둔사로 가는 중이니 이곳에 봉안될 수 없다."고 하여 결국 되돌려보냈다 한다. 전라남도 유형문화재 제52호.

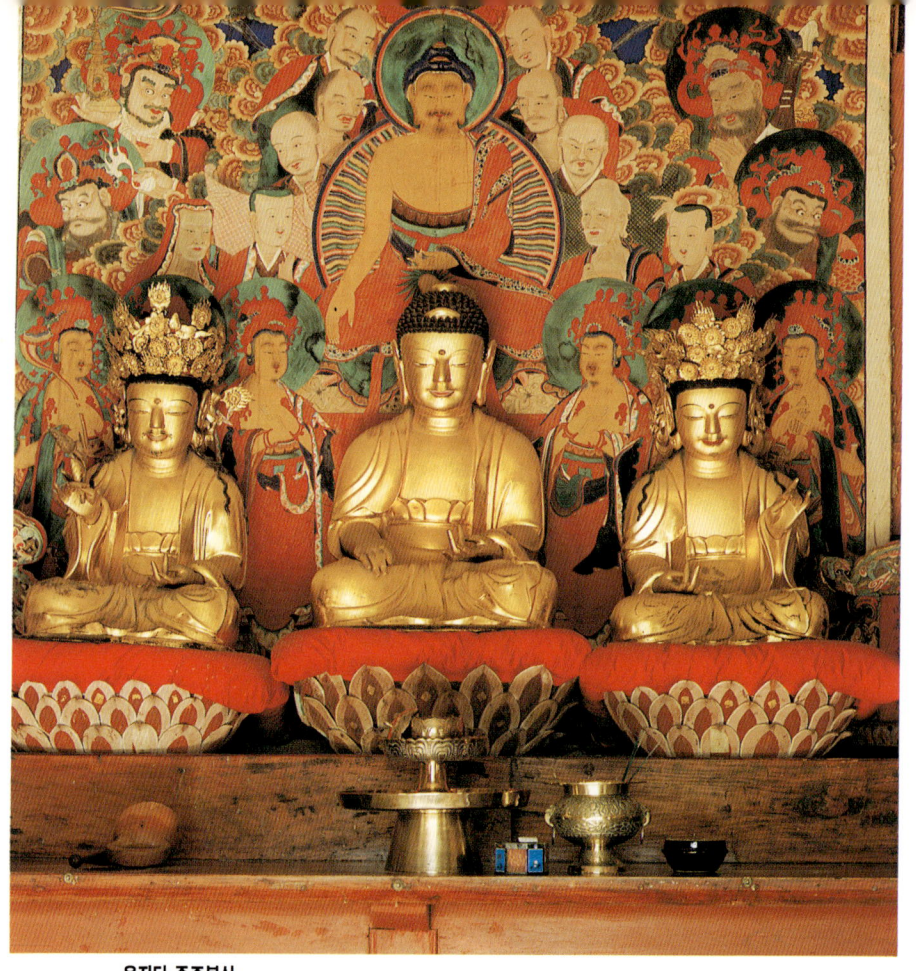

응진당 주존불상

대웅보전(大雄寶殿) 목조 삼존상(木造三尊像)

대웅보전에는 석가를 중심으로 좌우에 약사, 아미타의 목조 삼존상이 봉안되어 있고 그 후불화(後佛畵)로서 영산회(靈山會), 약사회(藥師會), 미타회(彌陀會)의 삼불회도(三佛會圖)가 걸려 있다. 이러한 구성은 조선 시대에 크게 성행하였던 것으로 당시에 신앙의 경향이 어떠했는가를 보여 준다.

삼존 모두 방형 대좌 위에 결가부좌하였는데 상호가 원만하며 정적감

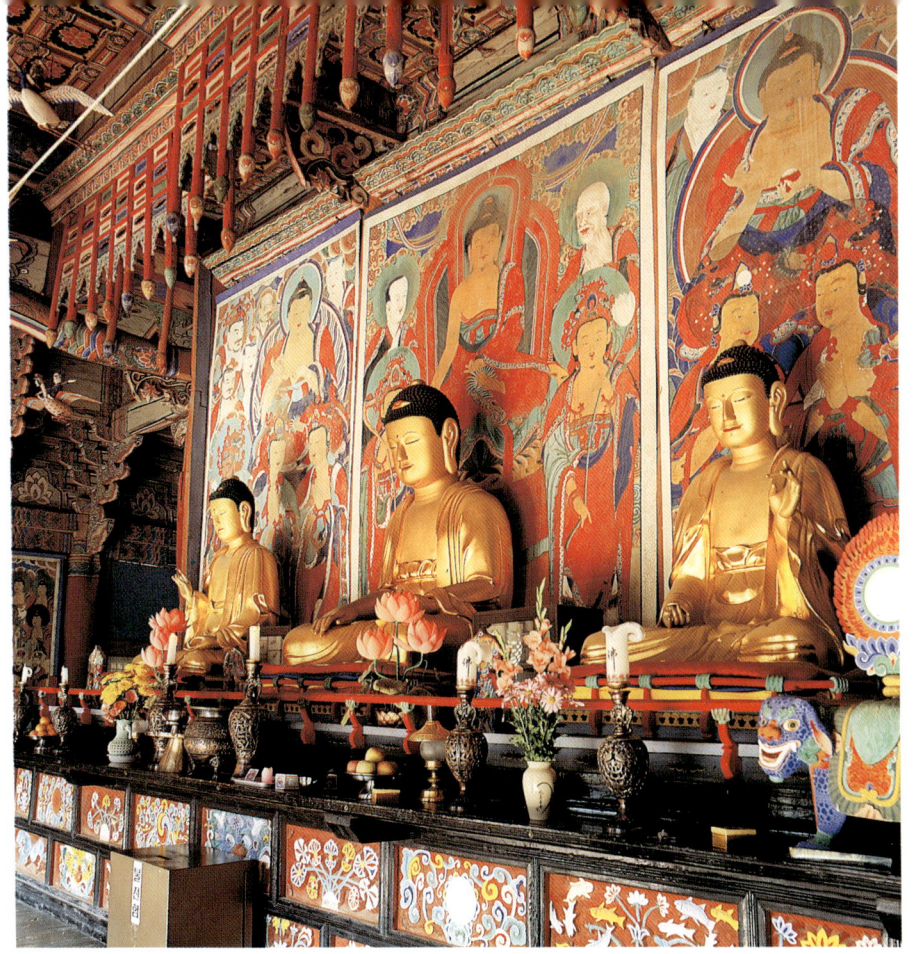

대웅보전 목조 삼존상

을 준다. 나발의 머리에 육계가 적당히 솟아 있으며 법의는 양 어깨에 걸쳐 가슴에서 U자 형으로 흘러내렸다. 석가상은 항마 촉지인을 맺었는데 왼손이 중품인(中品印)에 가까우며 좌우의 상은 중품 하생인을 맺었는데 손 모양이 대칭으로 되어 있다. 삼존의 조각 양식은 유사하며 조선 후기에 조성된 것으로 추정된다. 석가상의 높이는 1.51미터로 좌우상에 비해 조금 크다.

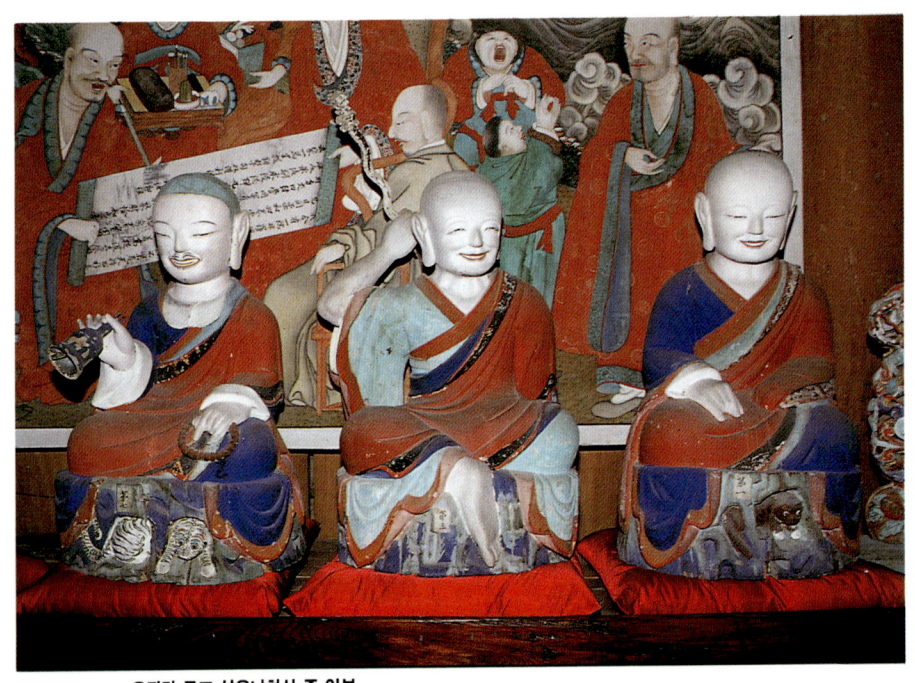

응진당 목조 십육나한상 중 일부

응진당(應眞堂) 목조 십육나한상(木造十六羅漢像)

응진당은 석가모니의 제자 가운데 특히 16나한을 모신 전각을 말한다. 대웅보전 옆 응진당에는 석가삼존을 중심으로 하여 좌우에 십육나한(十六羅漢), 동진(童眞)보살, 동자(童子), 사자(使者), 금강역사(金剛力士) 등의 목조상이 봉안되어 있다. 그 가운데 나한상의 원만한 얼굴과 자연스러운 자세는 불제자로서의 기운과 풍격이 잘 표현되어 있다. 또한 입구 양쪽에 서 있는 2구의 금강역사상은 치켜 올린 한쪽 팔과 위아래로 휘감은 천의, 찡그린 얼굴 등에서 호법신장(護法神將)의 성격을 잘 드러내고 있다.

불화(佛畵)

대흥사는 1789년 표충사가 건립된 이후로 여러 차례의 토목 공사가 행해졌는데 특히 1813년 완호(玩虎)·제성(濟醒) 대사에 의한 천불전 영역의 중건과 1844년 초의(草衣) 선사에 의한 대광명전 영역의 건립, 그리고 1900년 육봉(六峯) 선사에 의한 대웅전 영역의 중건이 대표적이다. 이러한 불사에 따라 각 전각의 불상 뒤에 거는 후불화(後佛畵)나 벽면의 장엄을 위한 불화가 다수 조성되었는데 그 가운데 일부는 오늘날까지 전해지고 있다.

대표적인 예로 국립중앙박물관에 소장되어 있는 영산회상도(1749년)와 천불전에 봉안되었던 사천왕도(1794년)와 신중도(1819년)가 있다. 그 다음으로는 19세기 중엽에 조성된 대광명전의 불화 3점과 서산대사 유물관에 전하는 관음도 2점, 대웅보전의 지장시왕도(1866년), 청신암의 신중도(1868년), 아미타극락회도(1870년) 등이 있다. 그 밖의 불화는 대부분 20세기 이후에 조성되었는데 그 가운데 1901년 육봉 선사가 조성한 대웅전, 명부전, 응진당, 산신각 등의 불화가 우수하다.

대광명전(大光明殿) 법신중위회 삼십칠존도(法身中圍會三十七尊圖)

대광명전은 화엄경의 주존불(主尊佛)인 비로자나불(毘盧舍那佛)을 모신 전각이다. 비로자나불은 부처의 광명을 어디에나 두루 비추게 한다는 뜻을 지니는데 진리의 본체로서 법신불(法身佛)이라고 한다. 이 전각에는 후불화로서 비로자나불과 그 권속(眷屬)을 그린 불화나 법신인 비로자나불에 상응하여 보신(報身)인 노사나불(盧舍那佛)과 화신(化身)인 석가불을 그린 비로자나삼신(毘盧舍那三身) 불화를 봉안하기도 한다.

이 불화는 초의 선사 의순(意恂, 1786~1866)이 대광명전을 건립한 뒤 1845년 당시 수군절도사였던 신관호(申觀浩, 1810∼1888) 등의 시주를 받아 조성한 것이다. 지권인(智拳印)을 맺은 비로자나불을 화면의 중심으로 삼아 대각선 방향에 구품인(九品印)을 맺은 4구의 여래를 두고 그 사이에 32구의 보살을 5단의 열을 지어 좌우 대칭으로 배열하였다. 여래는 푸른 단이 있는 붉은 법의를 두르고 수미단 위의 연화대좌에 결가부좌하였으며 보살은 화려한 보관과 옷을 걸쳤다. 녹색과 적색을 주조로 하여 선명한 분위기가 나타나며 필치도 유려하다. 각각의 두광에는 불보살의 명칭이 적혀 있다. 동시대의 작품인 칠성도(1845년)와 조금 뒤에 조성된 지장시왕도(1854년)와 동일한 양식을 보여 주는데 조선시대 불화로서는 드문 형식이어서 주목된다. 비단 바탕에 채색이며 크기는 350×400센티미터이다.

대광명전 칠성도(七星圖)

칠성 신앙은 도교나 민간에서 유래된 것으로 북극성을 불교식으로 여래화한 치성광여래(熾盛光如來)가 칠성과 결합되면서 불교 신앙으로 자리잡게 되었다. 재난을 없애 주고 부귀와 복덕을 주며 자손의 번성과 수명의 연장을 이루어 주는 칠성 신앙은 특히 임진왜란 이후 불교에서 적극적으로 받아들여졌다.

이 불화는 1845년 조성하여 대광명전 서벽에 봉안하였던 것으로서 화면 상단에는 수미단 위의 연화대좌에 앉은 치성광여래(熾盛光如來)를 중심으로 좌우보필성(左右輔弼星), 칠여래(七如來), 칠원성군(七元星君), 동자칠원성군(童子七元星君)이 좌우 대칭으로 서 있고, 조금 아래에 일광(日光)·월광(月光)보살과 좌우보필성이 시립하였다. 하단에는 자미대제(紫微大帝)를 중심으로 좌우보필성, 수성(壽星), 칠원성군, 삼태육성(三台六星)이 횡으로 줄지어 서 있다. 수미단을 중심으로 그린 반원 밖의 천상에는 좌우로 흰색 해와 붉은색 달을 그렸다. 색채는 주홍과 초록을 주조로 하여 밝은 분위기를 자아낸다. 이 칠성도는 도교적인

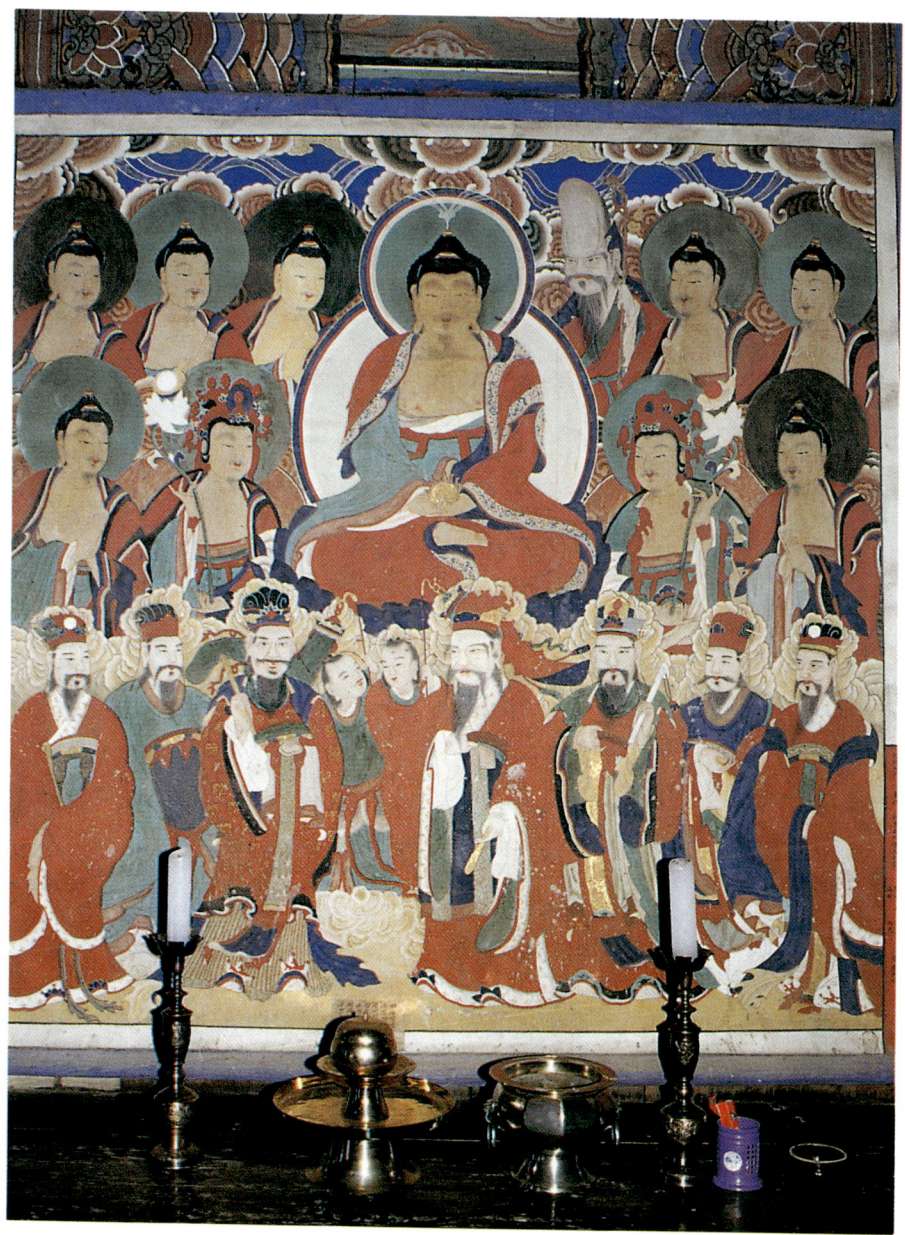

대웅보전 칠성도

칠원성군의 총성(總星)으로서 자미대제를 도상화한 예 가운데 하나이다. 비단 바탕에 채색이며 크기는 179×163센티미터이다.

대광명전 지장시왕도(地藏十王圖)

지장보살은 지옥에 떨어진 인간을 극락이나 해탈의 길로 인도해 주는 보살로서 관음보살과 함께 가장 인기있는 보살 가운데 하나이다.

이 불화는 1854년 대광명전의 중단탱(中壇幀)으로 제작되어 서벽에 봉안되었던 것으로서 증사(證師)는 초의 선사이며 대표 화사는 대광명전 칠성도의 제작에 참여하였던 익찬(益讚)이다. 중앙에 석장과 보주를 든 반가 자세의 지장보살이 있고 그 주위를 도명존자(道明尊者)와 무독귀왕(無毒鬼王) 그리고 시왕, 판관(判官), 사자(使者), 사천왕, 동자(童子) 등의 권속이 좌우 대칭으로 에워싸고 있다. 본존인 지장보살은 매우 화려한 가사를 착용하였으며 머리에는 투명한 두건을 쓰고 있다. 비단 바탕에 채색이며 크기는 216×171센티미터이다.

서산 대사 유물관 준제관음보살도(准提觀音菩薩圖)

유물관 좌우 벽에는 준제관음도와 11면40비관음도가 전한다. 그 가운데 준제관음보살도는 보주형 광배의 준제관음이 물결이 이는 못에서 피어 오른 연화좌에 결가부좌한 모습을 그린 것이다. 준제관음은 경전에서 설한 대로 3목(目) 18비(臂)의 형상을 보여 주는데 머리에는 중앙에 화불(化佛)이 묘사된 화려한 보관을 쓰고 있다. 팔은 모두 18개로 설법인(說法印)을 맺은 가슴 쪽의 두 손과 시무외인(施無畏印)을 한 두 번째 오른손을 제외하고는 모두 지물(持物)을 들고 있다. 오른손에는 검(劍), 보만(寶鬘), 구연과(俱緣菓), 월부(鉞斧), 구(鉤), 금강저(金剛杵), 염주를 들었고, 왼손에는 보당(寶幢), 연화(蓮花), 정병(淨瓶), 견색(羂索), 법륜(法輪), 나(螺), 현병(賢瓶), 경협(經篋)을 들었다. 그 아래에는 두 명의 용왕(龍王)이 연꽃 줄기를 쥐고 물결에 띄운 연잎과 연꽃잎을 밟고

서 있다. 보살의 신체를 황백색으로 칠하고 나머지를 황토색, 적색, 갈색 등의 담채로 칠함으로써 전체적으로 온화하고 부드러운 분위기를 풍기고 있다.

이 불화는『불설칠구지불모준제대명다라니경(佛說七俱胝佛母准提大明陀羅尼經)』이나『칠구지불모소설준제다라니경(七俱胝佛母所說准提陀羅尼經)』에서 설한 칠구지불모 곧 준제관음보살의 화상법(畫像法)에 충실히 따르고 있으며 준제관음보살을 도상화한 드문 예로서 주목된다. 비단 바탕에 채색이며 크기는 155×76.5센티미터이다.

서산 대사 유물관 11면40비관음보살도 (十一面四十臂觀音菩薩圖)

주형(舟形) 광배의 관음보살이 육각 기단의 연화대좌에 서 있는 모습을 그린 것으로 준제관음보살도와 함께 조선시대 불화 가운데 희귀한 예로서 주목된다. 머리 중앙에는 화불(化佛) 2구와 함께 10면을 표현하였고 팔은 모두 40개로 합장인(合掌印)과 선정인(禪定印)을 맺은 네 손을 제외하고는 석장(錫杖), 영지(靈芝), 일상(日像), 화불, 금강저, 연화, 도끼, 정병, 검, 염주, 금강령(金剛鈴), 보탑(寶塔), 법륜, 월상(月像), 경협, 보당 등의 다양한 지물을 들었다. 세부 묘사나 채색법이 준제 관음보살도와 같은데 부분적으로 청록을 사용하였다.

구전에 의하면 이 두 관음보살도는 초의 선사에 의해 제작되었다고 하는데 화기나 기록은 전하지 않는다. 단지 채색법은 다르지만 얼굴 등의 신체나 옷주름, 장식 등의 세부 표현이 대광명전 불화들과 유사한 점으로 미루어 조성 연대를 1850년경으로 추정할 수 있을 뿐이다. 비단 바탕에 채색이며 크기는 155×76.5센티미터이다.

청신암 신중도(神衆圖)

큰절에서 가까운 청신암(淸神庵)에는 1868년 도선암(道仙庵)에서 여러 시주자를 모아 조성한 신중도가 봉안되어 있다. 화면 중앙에 새

날개깃이 꽂힌 투구를 쓰고 갑옷을 입은 위태천(韋太天)이 서 있으며 그 옆에 검을 든 무장들이 서 있다. 위쪽에는 범천(梵天)과 제석천(帝釋天)이 합장을 하고 있으며 그 옆에 천부중(天部衆)이 시립하고 있다. 간략한 구성을 보이는 불화로 기연(錤衍) 등의 화사가 제작하였다. 비단 바탕에 채색이며 크기는 104×74센티미터이다.

청신암 아미타극락회도(阿彌陀極樂會圖)

현재 청신암의 후불화로 걸려 있는데 화기에 의하면 1870년 천여 (天如) 등의 화사가 제작하여 무량전(無量殿)에 봉안하였다고 한다. 연화대좌에 앉은 아미타불을 중심으로 좌우에 정병을 든 관음보살과 석장을 짚은 지장보살이 대칭으로 시립하고 있고 그 사이에 가섭과 아난 이 합장하고 서 있다. 전체적으로 구성은 단순하지만 인물 주위의 바탕 을 붉게 채색하고 금니로 화염과 구름을 복잡하게 그렸다. 광배를 검은 색으로 칠하여 어두운 느낌을 주고 있다. 비단 바탕에 채색이며 크기는 120×170센티미터이다.

대웅보전 지장시왕도(地藏十王圖)

대웅보전의 동벽에 봉안되어 있는데 본래 1866년 진불암(眞佛庵)에 서 조성, 봉안하였던 불화이다. 지장보살을 중심으로 주위에 도명존자, 무독귀왕, 시왕, 판관, 사자, 동자, 옥졸(獄卒) 등의 권속이 좌우 대칭으 로 배치되어 있다. 대형 방형대좌 위의 연꽃에 앉아 있는 지장보살은 흑색 단을 댄 주홍색 가사를 입고 보주와 석장을 들었으며 권속은 주홍 색을 비롯하여 녹색, 황색, 백색의 옷을 입었다. 지장보살의 신체는 호분 으로, 권속의 신체는 황색으로 칠하였으며 배경은 흑색 바탕에 황색과 녹색의 구름무늬로 칠하였다. 화면의 공간이 넓고 인물의 배치가 안정감 이 있으며 자세도 자연스럽다. 주홍색과 녹색, 황색과 흑색의 대비가 뚜렷하며 세부의 묘사도 부드럽다. 비단 바탕에 채색이며 크기는 134

×163센티미터이다.

대웅보전 삼불회도(三佛會圖)

대웅보전에는 석가·약사·아미타여래 목조 삼존상의 후불화로서 중앙에 영산회도(靈山會圖), 우측에 약사회도(藥師會圖), 좌측에 미타회도(彌陀會圖)가 걸려 있다. 세 폭의 화면에 3여래, 6보살, 10제자, 4천왕이 좌우 대칭으로 묘사되었는데 중앙폭에는 키형 광배를 하고 항마촉지인을 맺은 석가여래가 결가부좌하였고 그 좌우에 연꽃·여의를 든 문수·보현보살과 합장한 가섭·아난존자가 시립하였다. 우측 폭에는 중앙에서 약간 좌측으로 원형 광배에 중품 중생인(中品中生印)을 결하고 약호(藥壺)를 든 약사여래가 앉았고 그 아래에 합장한 일광·월광보살, 우측에 제자와 천왕이 시립하였다. 좌측 폭에는 중앙에서 약간 우측으로 원형 광배를 하고 중품 중생인을 맺은 아미타여래가 앉았고 그 아래에 합장한 관음·세지보살, 좌측에 제자와 천왕이 시립하였다.

여래와 보살의 신체는 황색, 제자와 천왕의 신체는 백색이나 살색으로 칠하였다. 법의는 주홍색을 주조로 하였는데 두광, 천의, 옷자락 등에 호분 섞인 청록과 밝은 남색을 사용하여 강한 대비를 이루었으며 석가여래와 문수·보현보살의 옷에 보이는 둥근 무늬와 원형 대좌의 윗면은 금니로 칠하였다. 비단 바탕에 채색이며 크기는 각각 360×240센티미터이다.

이 삼불회도를 포함하여 대웅보전의 삼장보살도, 감로왕도, 칠성도, 신중도, 명부전의 지장도, 응진당의 영산회상도, 십육나한도, 산신각의 산신도, 독성도 등의 불화는 모두 대한제국 광무 5년(1901)에 조성된 것들로서 인덕군(仁德君) 윤씨(尹氏), 아지(衙知) 임씨(林氏), 육봉 선사(六峯禪師) 법한(法翰) 등이 화주(化主)가 되어 많은 화사와 시주자를 동원하여 조성한 것이다. 따라서 인물 묘사나 색채법 등 표현 양식이 거의 유사한데 명응 환감(明應 幻鑑), 예운 상규(禮芸 尙奎), 범화 윤익

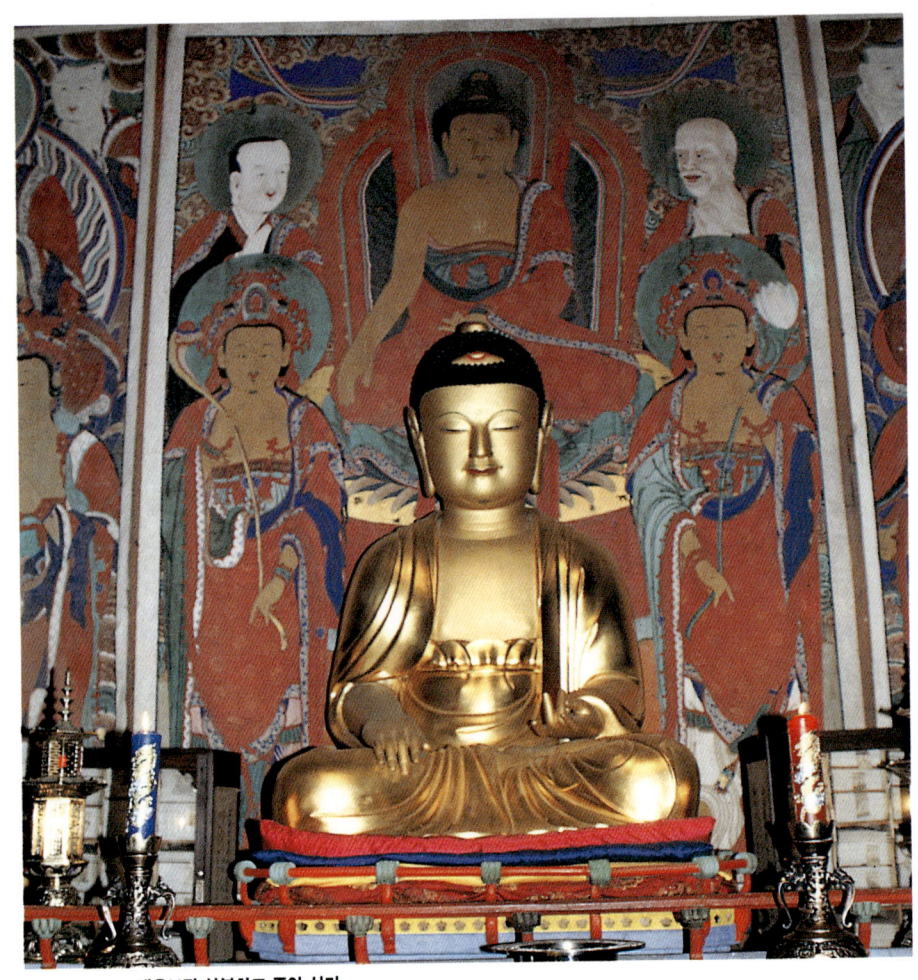

대웅보전 삼불회도 중앙 석가

(梵華 潤益) 등은 삼불회도 가운데 미타회도를 비롯한 대웅보전 불화를, 경선 응석(慶船 應釋), 석담 경연(石潭 敬演) 등은 삼불회도 가운데 약사회도와 명부전 불화를, 석옹 철유(石翁 喆侑), 허곡 환순(虛谷 亘巡), 관하 종인(觀河 宗仁) 등은 응진당과 산신각의 불화를 각각 그렸다.

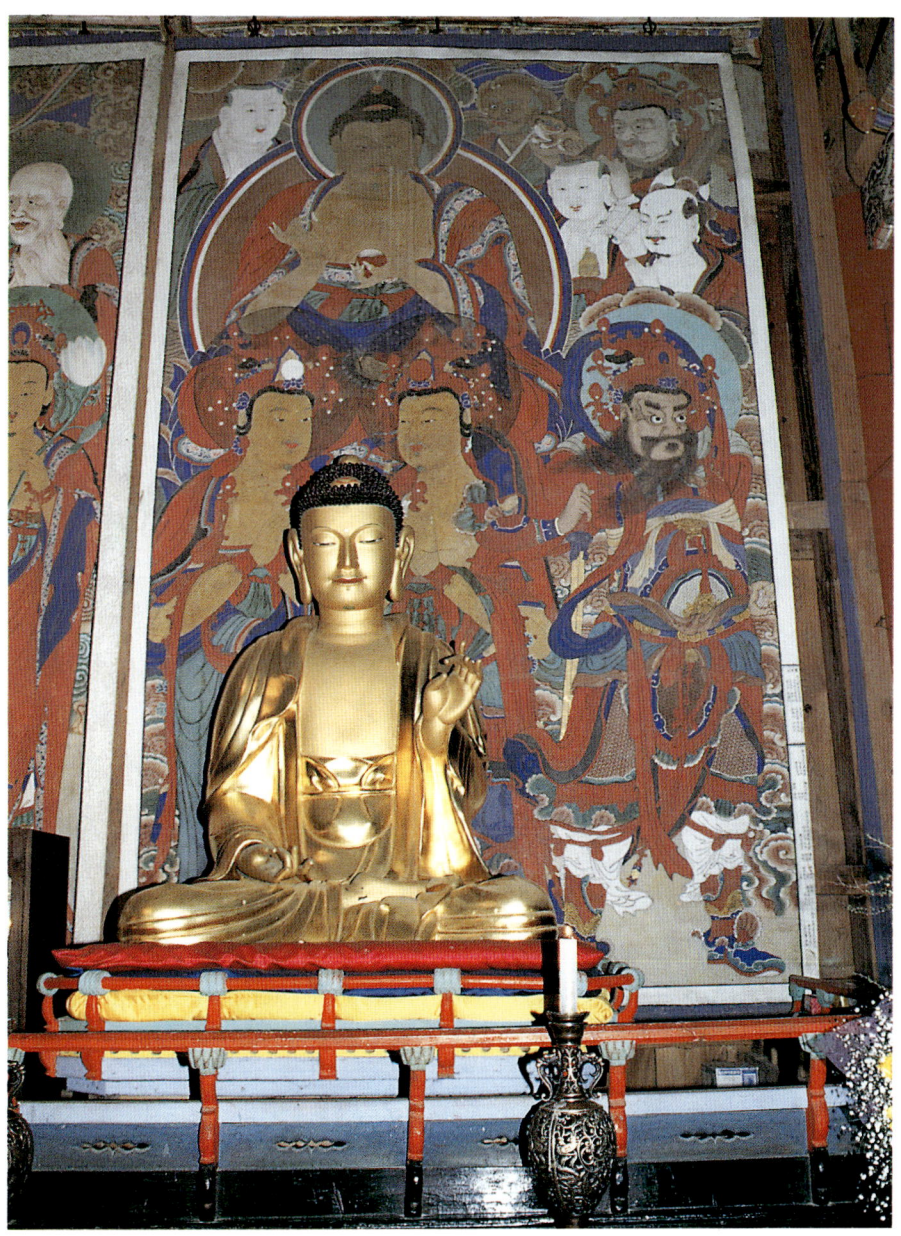

대웅보전 삼불회도 향우측의 약사

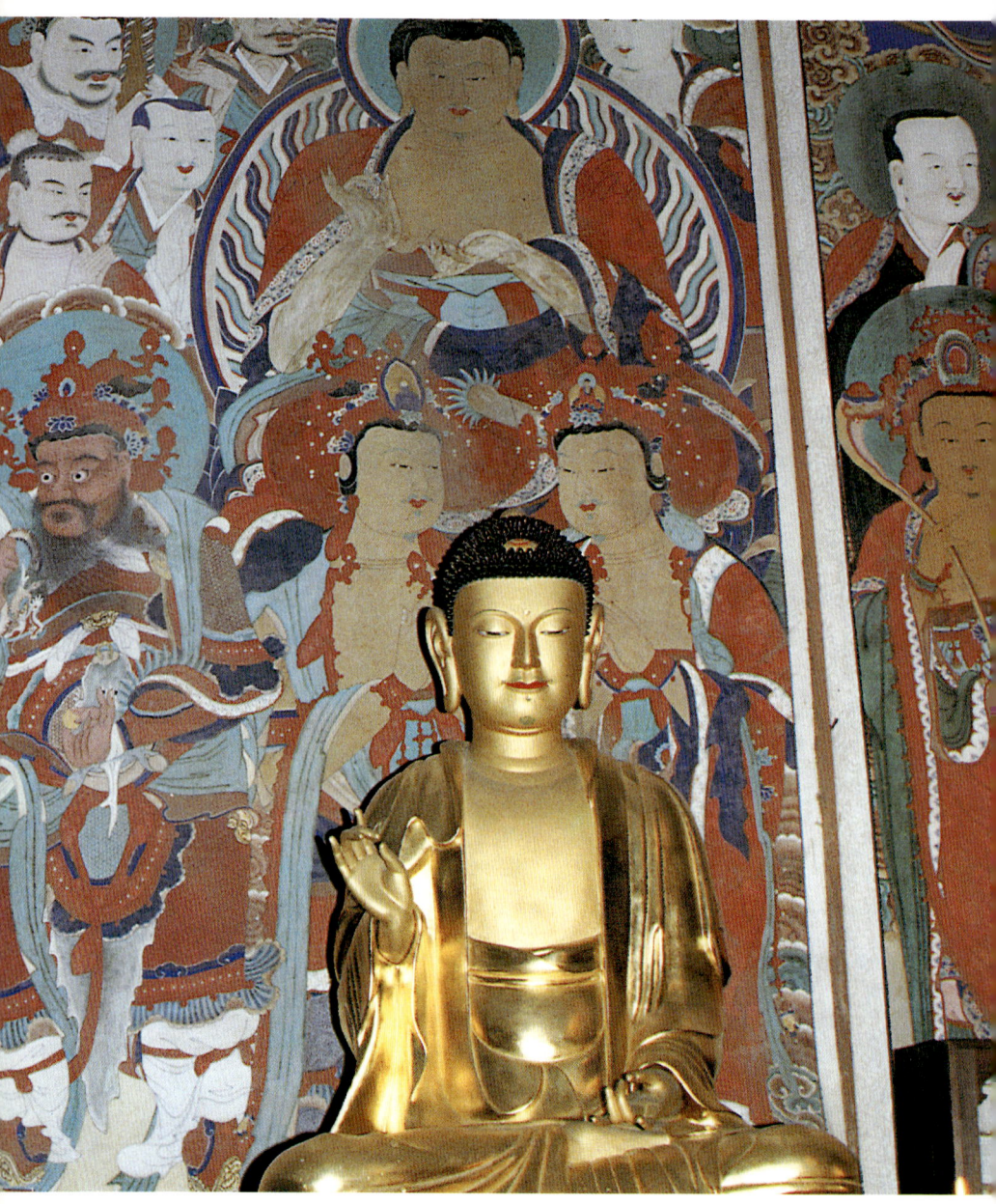

대웅보전 삼불회도 향좌측 미타

대웅보전 삼장보살도(三藏菩薩圖)

삼장보살이란 천장(天藏)·지지(持地)·지장(地藏)보살을 일컫는다. 우리나라 불교 신앙에서만 보이는 특이한 예로서 그 유래가 확실히 밝혀지지는 않았으나 대개 지장보살 신앙이 확대되어 형성되었으리라 추측한다. 천장보살은 천계(天界)의 교주로 천부중(天部衆)을 거느리고 지지보살은 지상계(地上界)의 교주로 지상의 신중(神衆)을 거느리며 지장보살은 명계(冥界)의 교주로 명계의 신중을 거느린다. 삼장보살도는 이러한 삼계(三界)의 보살과 그 권속을 그린 것이다.

대웅보전 동벽에 봉안된 삼장보살도는 1901년 진불암에서 조성한 것으로 옆으로 긴 화면의 상부에 삼장보살을 안치하고 그 주위에 권속을 둥글게 배치하였는데 화면 위로 갈수록 권속의 크기를 줄여 원근감을 나타내었다. 주홍과 청색과 호분 섞인 청록을 적절히 사용하고 금니를 곳곳에 사용하여 화려한 분위기를 자아낸다. 화기(畵記)에 의해 대황제, 황비, 명헌 태후(明憲太后), 태자, 태자비, 영친왕(永親王) 등 대한제국 황실의 안녕을 기원하며 제작한 불화였음을 알 수 있다. 비단 바탕에 채색이며 크기는 195×431센티미터이다.

대웅보전 감로왕도(甘露王圖)

감로왕도는 서방 극락정토의 주존인 아미타여래 곧 감로왕이 육도윤회(六道輪廻)에서 헤매는 중생을 구제하여 극락으로 인도한다는 『우란분경(盂蘭盆經)』『목련경(目連經)』의 내용을 도상화한 것이다.

이 불화는 대웅보전 북벽 동쪽에 봉안되어 있으며 1910년에 조성되었다. 화면 위쪽에는 7여래가 일렬로 서 있고 그 오른쪽에 아미타, 관음, 세지의 아미타삼존이 있으며 왼쪽에 인로왕(引路王)보살과 지장보살이 그려져 있다. 아미타삼존 바로 아래에는 구름에 떠 있는 천상의 모습이 묘사되어 있다. 화면 아래쪽 중앙에는 2구의 아귀(餓鬼)가 그려져 있고 그 양쪽에 승려가 재(齋)를 지내는 장면, 상제들이 슬퍼하는 모습, 줄타

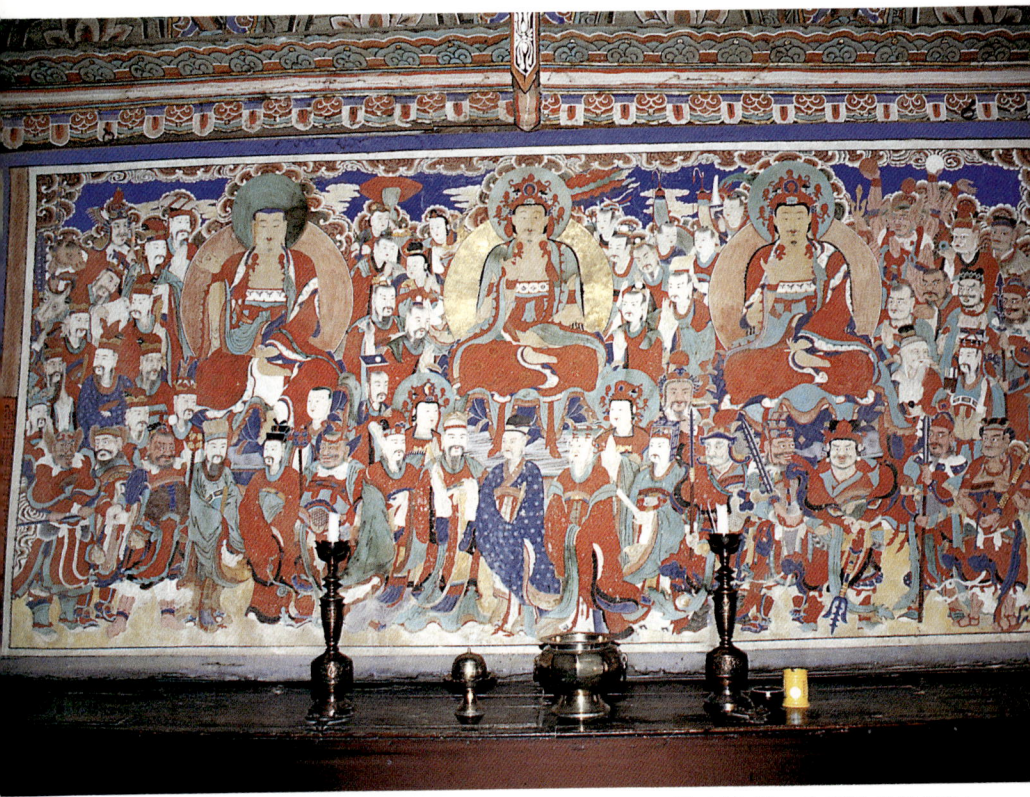

대웅보전 삼장보살도 대웅보전 동벽에 봉안된 삼장보살도는 1901년 진불암에서 조성한 것이다. 옆으로 긴 화면의 상부에 삼장보살을 안치하고 그 주위에 권속을 둥글게 배치하였는데 화면 위로 갈수록 권속의 크기를 줄여 원근감을 나타내었다. 화기의 내용을 통해 대한제국 황실의 안녕을 기원하며 제작한 불화였음을 알 수 있다. 비단 바탕에 채색이며 크기는 195×431센티미터이다.

기하는 기예 장면 등 인간의 온갖 생활 모습이 묘사되어 있다. 그리고 불에 휩싸인 지옥의 성곽, 피골이 상접한 아귀, 매맞고 일하는 소, 서로 다투는 인간을 주제로 한 지옥도, 아귀도, 축생도, 아수라도, 인간도, 천상도 등 육도의 모습이 묘사되어 있다. 비단 바탕에 채색이며 크기는 208×208센티미터이다.

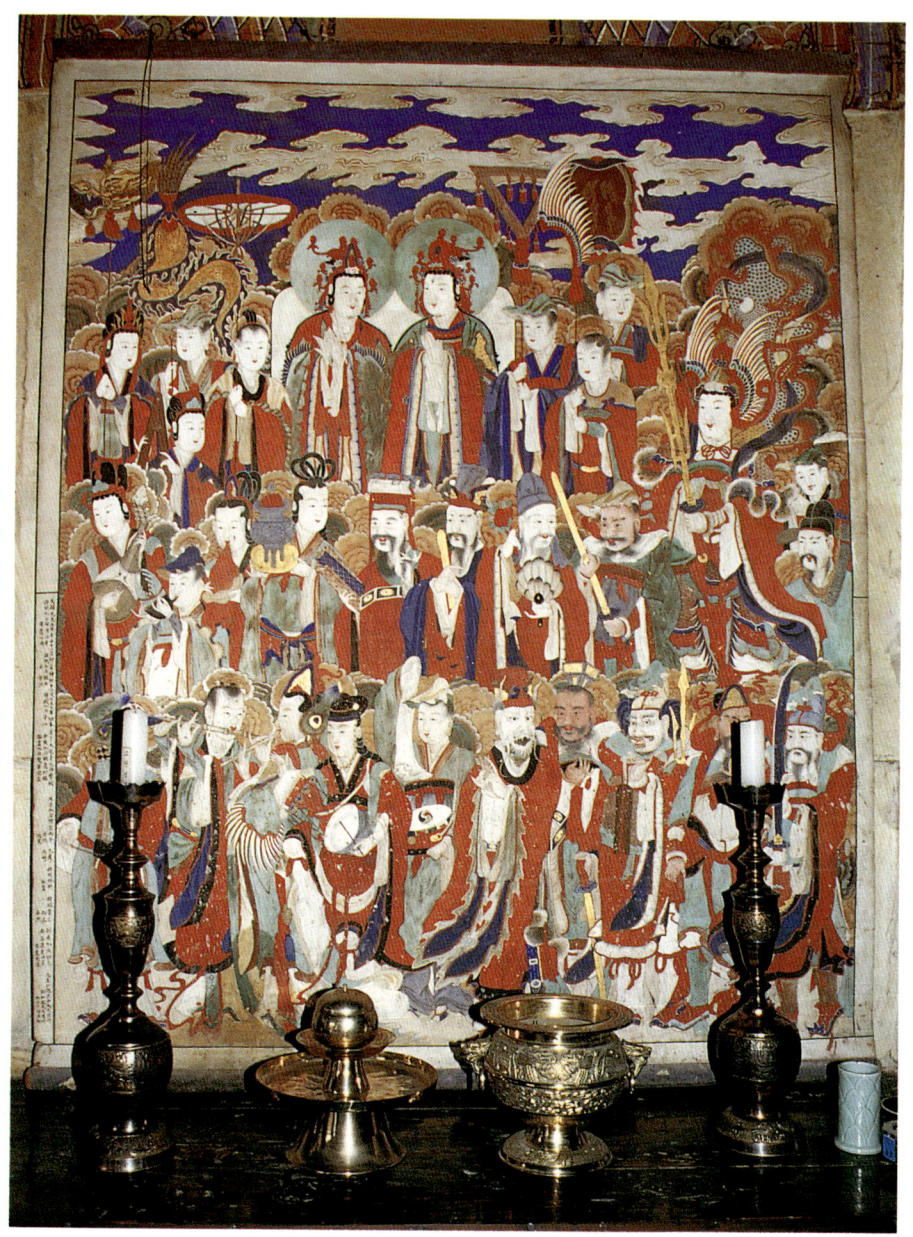

대웅보전에 봉안된 신중탱 광무 5년에 조성된 것이다.

표충사 삼대화상 진영(三大和尙眞影)

1789년 표충사가 건립된 이래로 표충사에는 서산 대사 청허당(清虛堂) 휴정(休政)과 제자인 사명당(泗溟堂) 유정(惟政), 뇌묵당(雷黙堂) 처영(處英) 등 삼대화상의 진영을 봉안하고 있다. 건사 당시의 진영은 원광대학교 박물관에 전하며 현재는 옛것을 모사한 진영이 봉안되어 있다.

삼대화상 진영은 동일한 양식을 보이는데 신체를 약간 왼쪽으로 향하여 잿빛 또는 푸른색 장삼에 붉은색 가사(서산 대사는 금란 가사)를 걸치고 높은 의자에 앉아 있다. 오른손에는 염주를 쥐고 왼손에는 용머리 장식이 화려한 불자(拂子)를 들고 있는데 두 화상과는 달리 사명 대사의 긴 수염이 묘사되어 개성적 표현이 돋보인다.

조사전(祖師殿) 십육조사 진영(十六祖師眞影)

표충사 옆 조사전에는 16조사의 진영 3폭이 봉안되어 있다. 중앙 폭에는 창건주 아도(阿度) 조사를 중심으로 편양(鞭羊)·소요(逍遙)·풍담(楓潭)·목암(牧菴)·원응(圓應) 조사를 그렸다. 진영을 향해서 볼 때 오른쪽 폭에는 월저(月渚)·설암(雪巖)·설봉(雪峯)·만화(萬化)·선은(仙隱) 조사를 그리고 왼쪽 폭에는 봉악(鳳嶽)·사봉(獅峯)·현하(懸河)·춘계(春溪)·서악(瑞嶽) 조사를 그렸다.

두루마기식 장삼을 걸친 조사들은 손에 염주를 쥐고 파란 단을 댄 풀자리에 앉아 있다. 간명한 구도와 단정한 자세가 정적감을 느끼게 하며 잿빛 장삼과 하얀 동정, 붉은 가사가 대조를 이룬다. 얼굴과 옷주름의 표현은 전통 초상화법에 따랐으나 강한 음영법은 20세기에 조성된 것임을 추측할 수 있게 한다. 모시 바탕에 채색이며 크기는 중앙폭이 108×122센티미터, 좌우폭이 105×85.5센티미터이다.

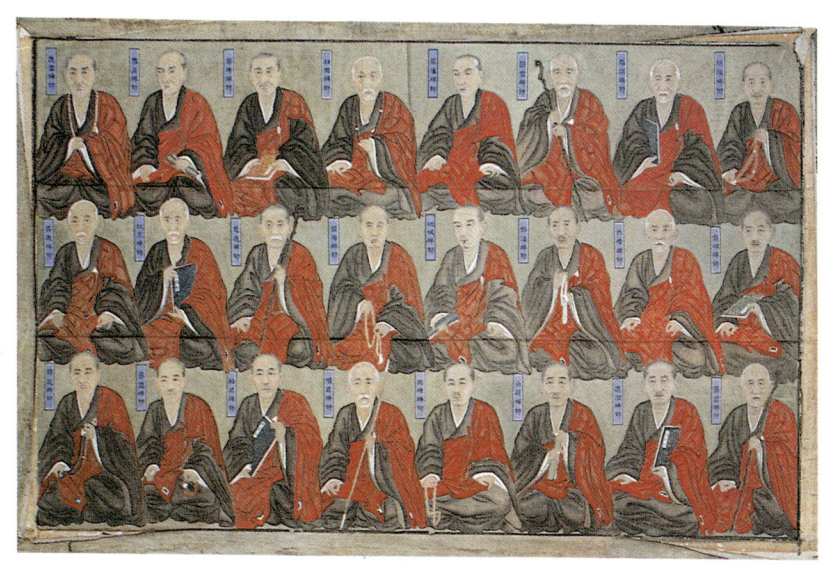

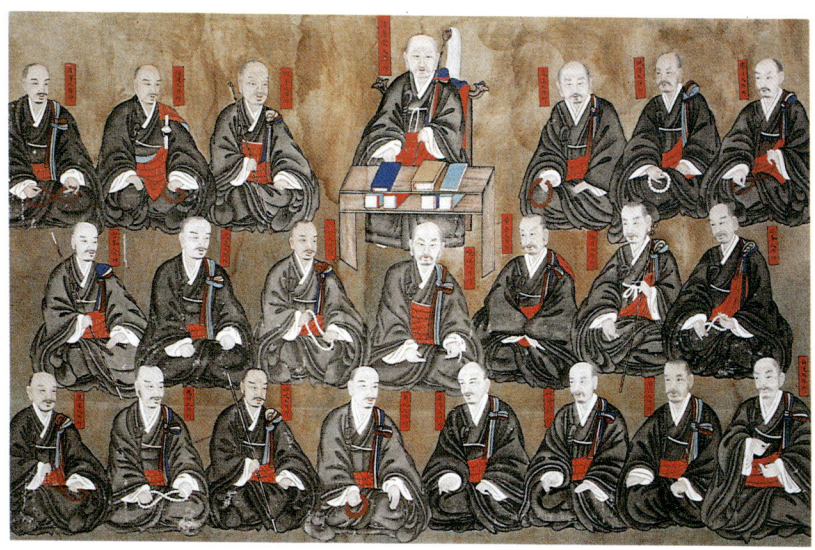

보련각 선사 진영 대광명전 옆 보련각에는 대흥사에서 배출된 수많은 고승들의 진영이 7폭에 그려져 있다. 인물 묘사나 채색법이 대략 조사전의 십육조사 진영을 따르고 있어 20세기에 조성된 것으로 여겨진다. 크기는 128×202센티미터이다.(맨 위, 위)

보련각(寶蓮閣) 선사 진영(禪師眞影)

대광명전 옆 보련각에는 대흥사에서 배출된 수많은 고승들의 진영이 7폭에 그려져 있다. 각 폭에는 24명(5폭), 22명(1폭), 12명(1폭)의 진영을 3단으로 나누어 그렸는데 어깨 위의 붉은색 구획에는 각각의 이름이 적혀 있다.

선사들은 잿빛 장삼을 입고 붉은색 가사를 걸쳤으며 손에 염주, 지광이, 경책을 들고 앉아 있다. 22명의 진영을 그린 폭의 상단 중앙에는 서산 대사 청허당의 진영이 있는데 경책이 놓인 책상 뒤로 불자(拂子)를 들고 의자에 앉은 모습에서 그의 위치를 짐작할 수 있다. 인물묘사나 채색법이 대략 조사전의 십육조사 진영을 따르고 있어 20세기에 조성된 것으로 여겨진다. 크기는 128×202센티미터이다.

불구(佛具)

탑산사 동종(塔山寺銅鐘)

서산 대사 유물관에 전시되어 있는 고려시대 범종이다. 높이 79센티미터, 입지름 43센티미터. 보물 제88호. 정상부에는 용뉴(龍紐)와 용통(甬筒)을 뚜렷하게 조각하였으며 어깨 부분에는 연판(蓮瓣)을 돌출시켜 돌렸다. 상부에는 상대(上帶)와 유곽(乳廓)을 당초문으로 돌렸는데 유곽에는 연화좌 위에 도드라진 유두(乳頭)를 9개 두었다. 중앙부와 하부에는 보살상 4구와 연화문 당좌(撞座) 4개를 엇갈리게 배치하였으며 맨 아래에 하대(下帶)를 당초문으로 돌렸다. 보살상은 두광과 신광을 갖추고 연화좌에 앉았으며 그 아래에 구름을 묘사하였다. 그 가운데 한 보살상 아래에는 계사년에 탑산사에 시납하였다는 명문을 새겼고, 또 한쪽에는 만력 27년(1599)의 명문을 새겼다. 신라 범종의 기본형을 계승한 고려시대 범종으로서 계사년은 1233년으로 추정된다. 탑산사는 전남

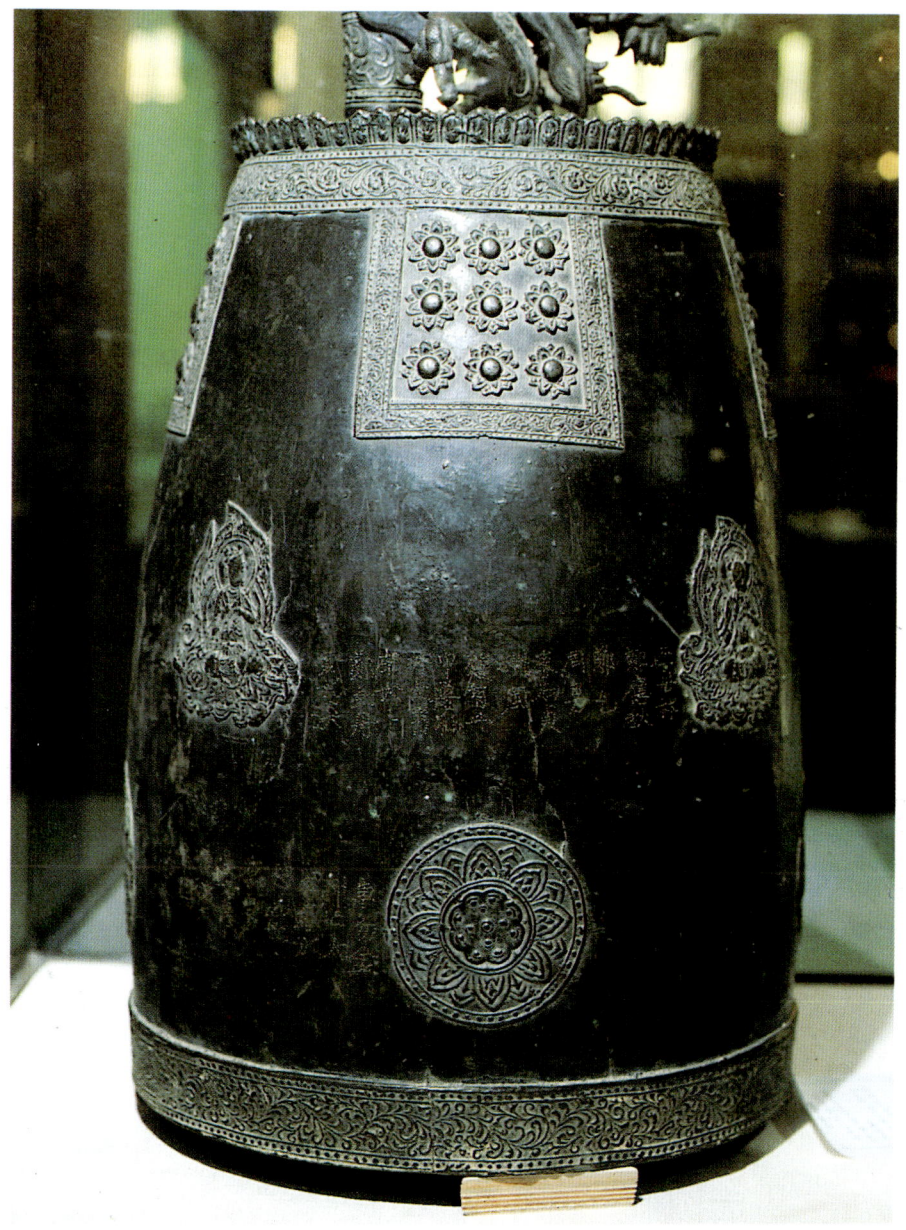

탑산사 동종

장흥군 대덕면 연지리에 있다.

진불암 동종(眞佛庵銅鐘)

청신암에 전해지고 있는 조선시대의 범종이다. 높이 70센티미터, 입지름 50센티미터. 정상부에는 용뉴와 용통을 두었으며 상부에는 앙련을 돌기시켰고 그 아래에 선을 지어 유두를 돌렸다. 중앙부에는 4구의 보살상과 4곳의 유곽을 사방으로 배치하였는데 유곽 위에 마련한 원 안에는 범자(梵字)가 있다. 하부에는 명문이 있으며 맨 아래에는 당초문으로 하대를 돌렸다. 그리고 명문에는 1709년 진불암의 종으로 조성한 사실과 화주 수성(守晟)을 비롯한 주공(鑄工), 각공(刻工) 등의 인명이 새겨져 있다.

그 밖에 대웅보전에 전해지고 있는 보적사 동종(寶積寺銅鐘, 1703년)과 서산 대사 유물관에 전시된 봉향각 동종(奉香閣銅鐘, 1709년)이 있는데 형식이나 양식이 진불암 동종과 유사하다.

편액(扁額)

대웅보전(大雄寶殿)

대흥사에는 조선 후기의 명필들이 쓴 편액이 많이 남아 있다. 그 가운데 가장 유명한 것은 남해의 외로운 섬 신지도(薪智島)에서 16년 동안 귀양살이하던 원교(員嶠) 이광사(李匡師, 1705~1777)의 대웅보전 편액으로 이에 대해서는 흥미로운 이야기가 구전되고 있다.

1840년 김정희(金正喜)가 제주도로 귀양가던 길에 평소 교분이 두터웠던 초의 선사를 만나기 위해 대흥사에 들러 '대웅보전' 글씨를 보고서는 바꿔 써 걸어야겠다고 했다가 돌아오는 길에는 그냥 걸어 놓으라 했다고 한다.

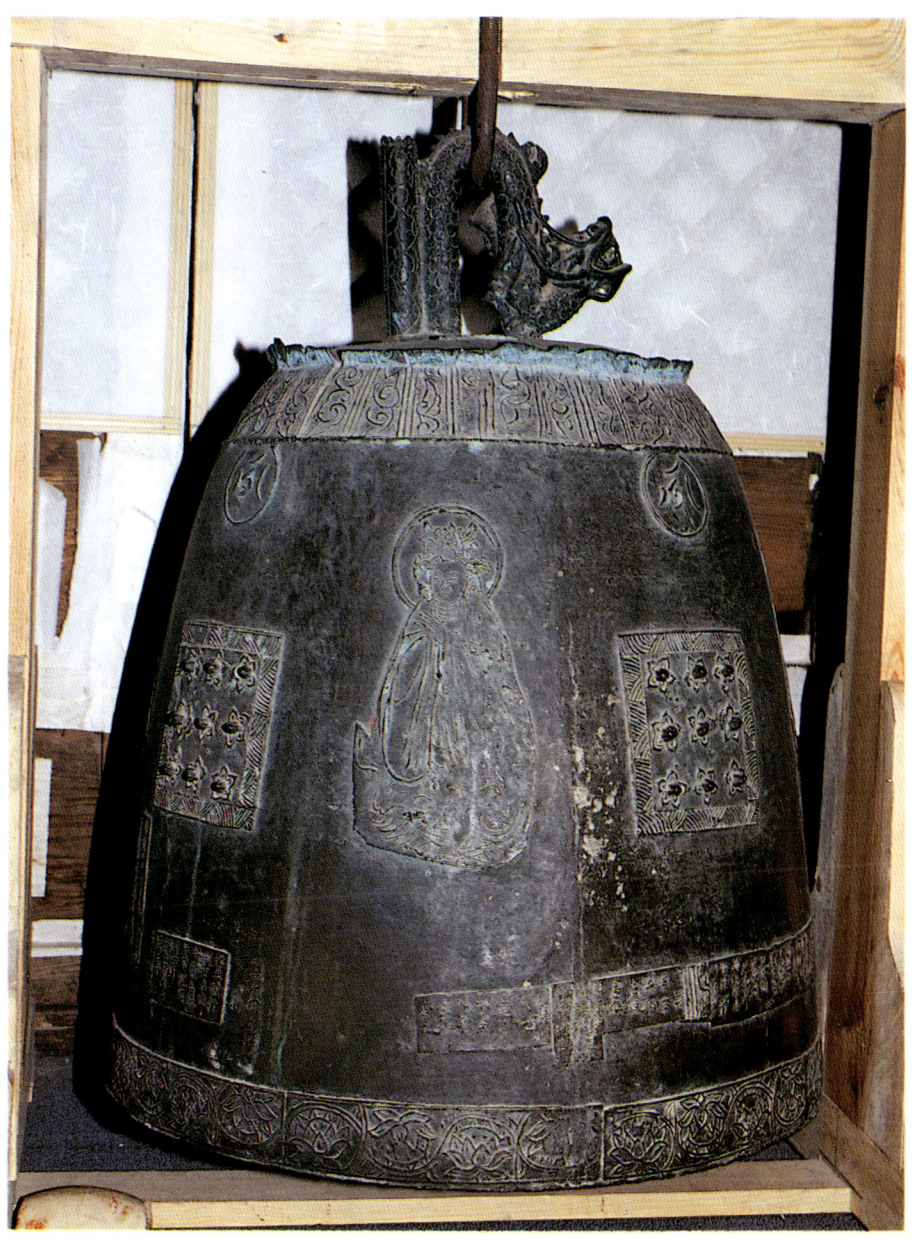

보적사 동종

자신의 글씨에 자만하였던 그가 귀양살이의 역경 속에서 어떤 깨달음을 얻었기 때문일까?

그 뒤 이 대웅보전 편액은 장성 백양사와 승주 송광사의 대웅전 편액을 이 글씨로 모각할 만큼 유명해졌다. 골기 있는 획에 구불구불한 특유의 필법이 가미되어 있다. 이 밖에 천불전(千佛殿), 침계루(枕溪樓), 해탈문(解脫門) 편액도 그의 필적이다.

표충사(表忠祠)

1789년 정조(正祖, 재위 1777~1800)가 써서 내려준 사액(賜額)으로 표충사에 걸려 있다. 1788년 천묵(天黙), 계홍(戒洪) 등의 스님이 서산 대사와 유정, 처영의 영정을 모실 사우(祠宇)의 건립을 모색하였는데 당시에 호조판서 서유린(徐有隣, 1738~1802)이 서산 대사의 사적과 사우 건립의 당위성을 왕에게 주청하여 건립 허가와 함께 '표충'이라는 사액을 받았다. 금니로 칠한 어필(御筆)에 근엄함이 여실히 나타나 있다.

가허루(駕虛樓)

천불전에 들어가려면 타원형의 문턱이 있는 가허루를 지나가야 하는데 여기에는 전주 지역에서 활약하였던 호남의 명필 창암(蒼巖) 이삼만(李三晩, 1770~1845)의 편액이 걸려 있다. 어려서부터 글씨 학습에 열중하였던 그는 병중에도 하루에 천 자씩 쓰면서 평생에 벼루 3개를 구멍 내겠다고 할 만큼 독실히 공부하였다고 한다. 독특한 짜임새와 획법에서 개성이 잘 드러나고 있다.

동국선원(東國禪院)

천불전 뒤편에는 동국선원이라는 'ㄷ'자형 요사채가 있다. 스님들이 정진(精進)하는 곳이라 공개되지는 않는데 이곳에 추사(秋史) 김정희

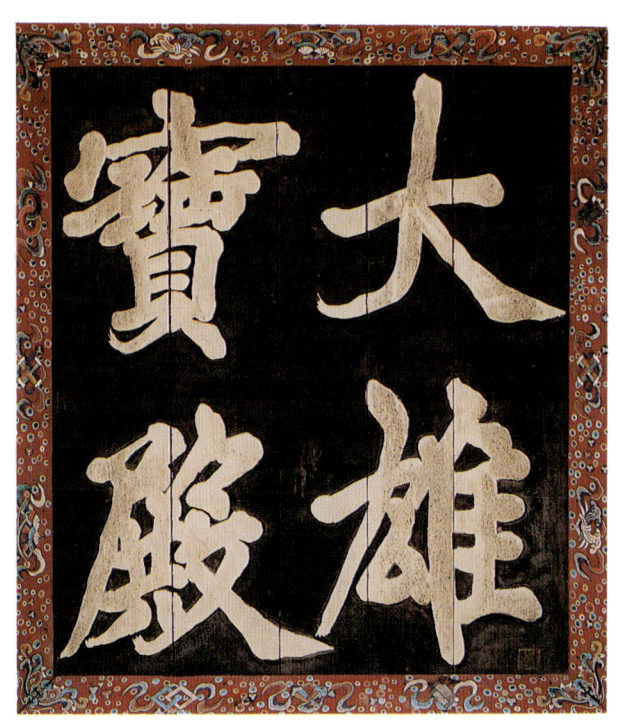

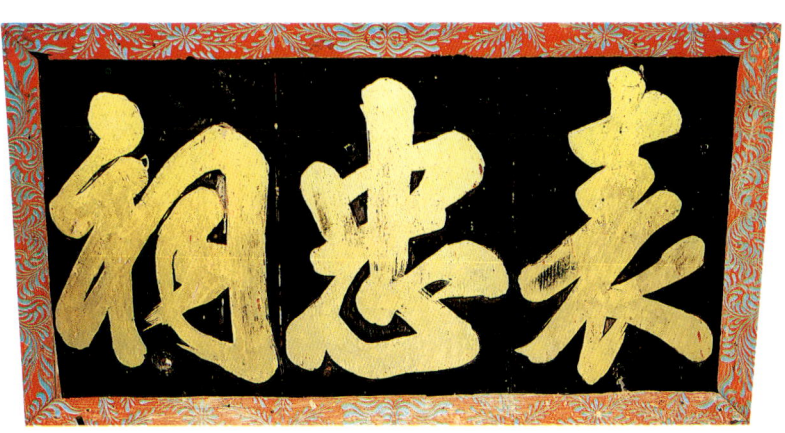

'대웅보전' 편액 원교 이광사 글씨.(맨 위)
'표충사' 편액 1789년에 정조가 써서 내려준 것이다.(위)

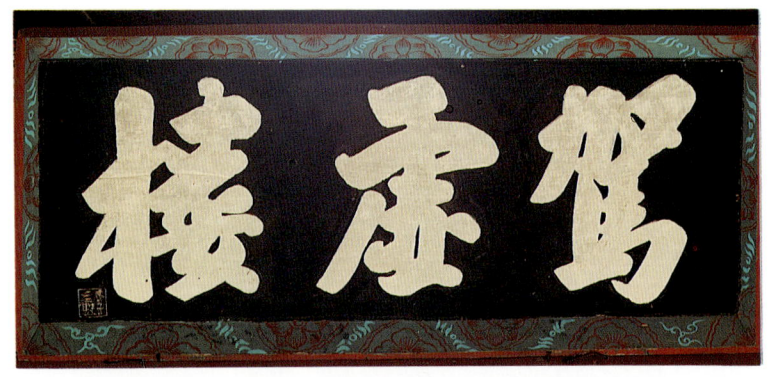

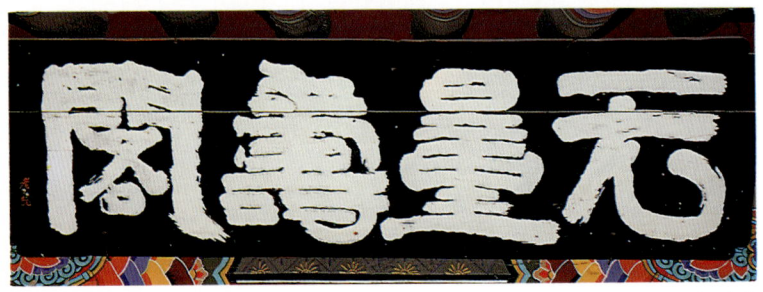

'가허루' 호남의 명필 창암 이삼만의 글씨이다. 어려서부터 글씨 학습에 열중하였던 그는 병중에도 하루에 천 자씩 쓰면서 평생에 벼루 3개를 구멍 내겠다고 할 만큼 독실히 공부하였다고 한다. (맨 위)
'무량수각' 대웅보전 앞에 있는 백설당에 걸린 '무량수각' 편액은 추사의 필적이다. (위)

(金正喜, 1786~1856)의 편액이 2점 걸려 있다. '동국선원'이란 편액은 천불전을 중심으로 한 강원(講院)에 걸맞는 편액으로 어수룩하면서 꾸밈이 없다. 또 '일로향실(一爐香室)'이란 편액은 초의 선사 의순(意恂)과 깊은 인연을 맺은 추사가 이곳에 들러 써 주었다고 한다. 예서(隸書)로 쓴 힘찬 필획과 변화 있는 짜임새는 추사체의 특성을 잘 보여주는데 구례의 천은사, 양산의 통도사 등 여러 사찰에서 이 글씨를 모각하여 걸었다. 이밖에 대웅보전 앞 백설당(白雪堂)에 걸린 '무량수각(無量壽閣)'이란 편액도 추사의 필적이다.

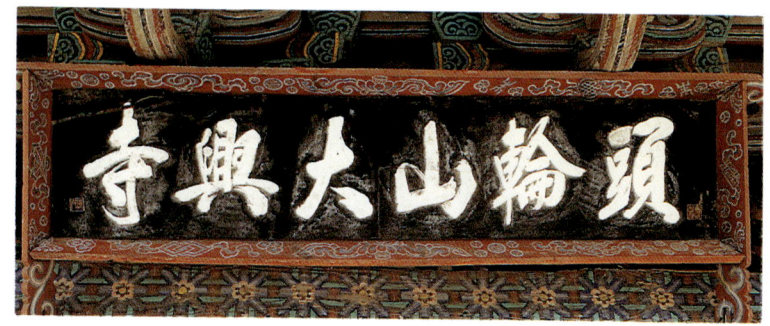

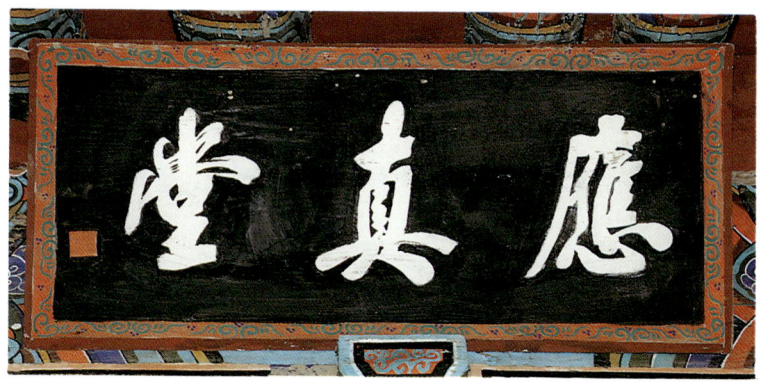

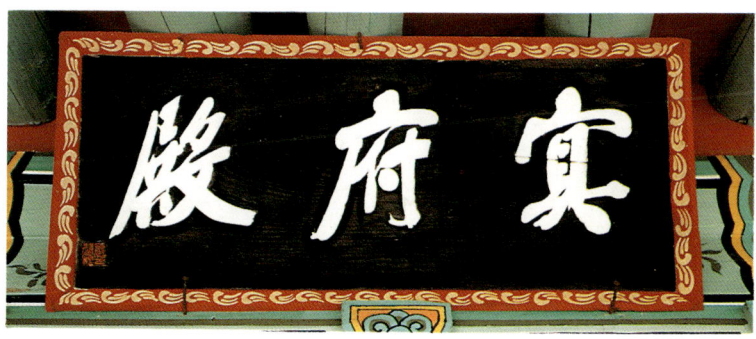

해사 김성근 글씨 편액 김성근(1835~1919)은 미불체를 잘 구사한 구한말의 명신으로 두 차례나 전라도 관찰사를 역임하였다. 그 인연으로 대흥사의 편액을 쓰게 된 듯한데 명부전, 응진당, 백설당의 편액도 그의 글씨이다. 맨 위는 '두륜산 대흥사' 가운데는 '응진당' 아래는 '명부전'의 편액이다.

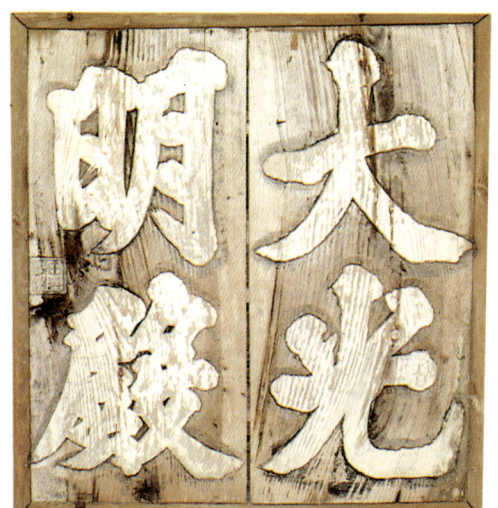

'대광명전' 위당 신관호의 글씨이다.

두륜산 대흥사(頭輪山大興寺)

사천왕을 봉안하였던 천왕문에는 해사(海士) 김성근(金聲根, 1835~1919)이 쓴 편액이 걸려 있다. 그는 미불(米芾)체를 잘 구사한 구한말의 명신으로 두 차례나 전라도 관찰사를 역임하였다. 그 인연으로 대흥사의 편액을 쓰게 된 듯한데 명부전, 응진당, 백설당(白雪堂)의 편액도 그의 글씨이다.

대광명전(大光明殿)

이 편액을 쓴 위당(威堂) 신관호(申觀浩, 1810~1884)는 병자수호조약과 한미수호통상조약의 체결에 활약한 인물이며 추사 김정희의 제자로서 시와 글씨에 뛰어났다. 그는 수군절도사로 재임하였던 1845년 초의 선사가 중건한 대광명전의 불화 조성에 시주하였는데 이 편액도 아마 그때 즈음에 썼을 것이다. 이 밖에 서산대사 표충사사적비와 표충사건사사적비의 보호를 위한 비각에 걸린 '표충비각(表忠碑閣)'이란 굵직한 획의 예서 편액도 그의 필적이다.

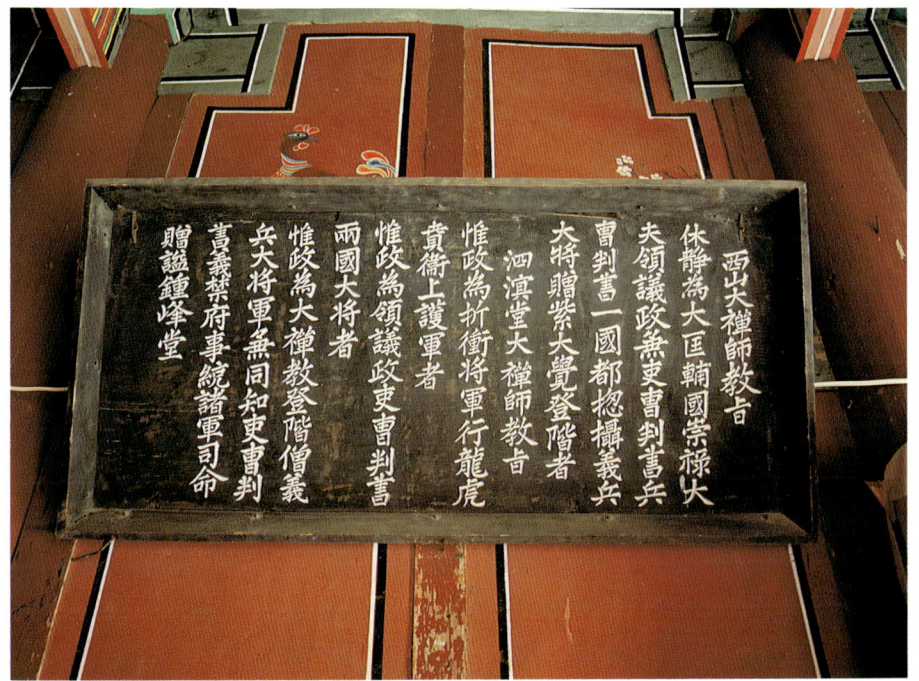

西山大禪師教旨
休靜爲大匡輔國崇祿大
夫領議政兼吏曹判書兵
曹判書一國都摠攝義兵
大將贈紫大覺登階者
泗溟堂大禪師教旨
惟政爲折衝將軍行龍虎
衛上護軍者
惟政爲領議政兼吏曹判書
兩國大將者
惟政爲大禪教登階僧義
兵大將軍無同知吏曹判
書義禁府事總諸軍司命
贈謚鍾峰堂

서산 대선사 교지 교지 내용을 판각하여 표충사 내부에 걸었다.

표충사 유물

묘향산 원적암(圓寂庵)에서 말년을 보내던 서산 대사(1520~1604)는 입적을 앞두고 자신의 의발(衣鉢)과 선조 임금이 하사한 교지(教旨)를 두류산 대둔사에 전할 것을 유언하였다. 그의 유지에 따라 제자들은 금란 가사(錦爛袈裟)와 옥발(玉鉢) 등 대사의 유품을 대둔사로 옮겨 봉안하였는데 1789년 이후로는 서산 대사와 제자 유정·처영 등 삼대화상의 진영을 모신 표충사가 건립되면서 그곳에 보관하였으며 1978년 이래로는 서산 대사 유물관에 보존해 오고 있다. 한편 유물관에는 표충사 유물 이외에 고문서, 사경(寫經), 목판, 불화 등을 위시한 대흥사의 사중 유물이 전하고 있다.

표충사 유물 목록

명 칭	수	제 원
금란 가사(錦襴袈裟)	1	黃絹金絲 90×240cm
옥발(玉鉢)	3	대 : 높이 9.6cm, 입지름 21.5cm
		중 : 높이 6.7cm, 입지름 16.0cm
		소 : 높이 5.0cm, 입지름 12.5cm
수저	1	銅製
신발	2	革製 26×8cm
염주	2	琥珀, 七寶
사가록정선(四家錄精選)	1	紙本墨書 冊 35×20.3cm
교지(敎旨)	2	紙本墨書 86.3×80cm 1602년
		69×105.6cm 1788년
승군단표지물(僧軍團標識物)	10	
방패	1	銅製 18kg(30근)
법라(法螺)	2	
표충사총섭사명패(摠攝司命牌)	1	象牙製
표충사사액시제문(賜額時祭文)	1	紙本墨書 折帖 1789년, 宋翼孝撰
서산대사화상당명(畵像堂銘)	1	絹本墨書 69.8×175.5cm 1794년, 正祖筆
표충사보장록(寶藏錄)	1	紙本墨書 六曲屛風 1846년, 申觀浩筆

서산 대사 교지(敎旨)

서산 대사에게 내려진 2매의 교지가 있다. 하나는 1602년 선조가 묘향산으로 돌아가는 서산 대사에게 '일도대선사 선교도총섭 부종수교 보제등계자(一都大禪師 禪敎都摠攝 扶宗樹敎 普濟登階者)'라는 최고의 칭호를 내린 것인데 이때에 정이품의 품계도 하사하여 그의 충절을 치하 하였다. 또 하나는 1788년 대둔사 스님들이 서산, 유정, 처영 등 삼대화 상의 진영을 모시고 영혼을 제향할 사우의 건립을 건의하였을 때 정조가 내린 교지로서 이전에 선조가 내린 칭호에 더하여 '표충선사(表忠禪師)' 의 칭호를 증여한 것이다.

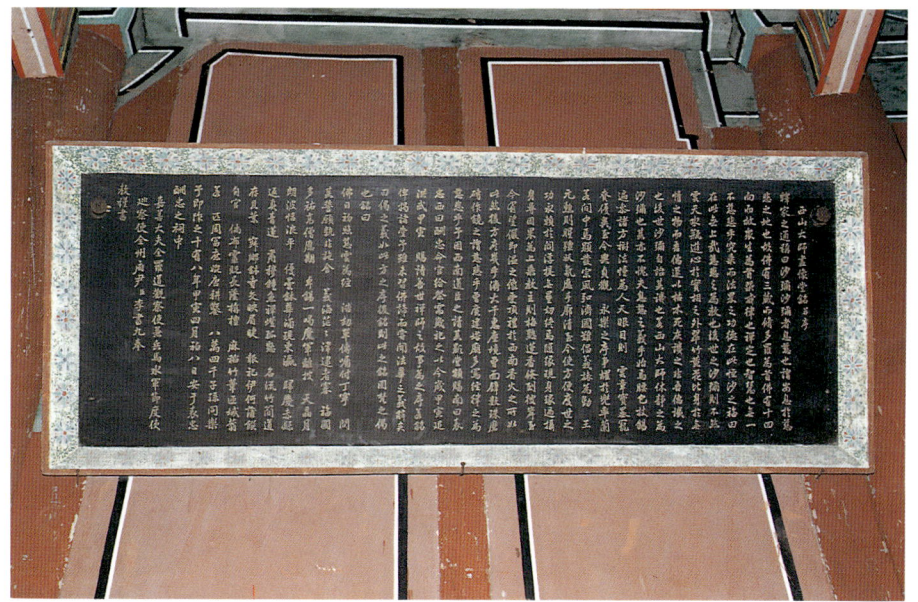

서산 대사 화상당명 현판 전라도 관찰사 이서구가 쓴 화상당명 현판은 표충사 왼쪽 벽에 걸려 있다.

서산 대사 친필 사가록정선(四家錄精選)

서산 대사가 사가(四家:馬祖·百丈·黃薜·臨濟大師)의 선구(禪句)를
요약하여 쓴 친필이다. 그의 글씨는 아무런 모방이나 꾸밈이 없는 자유
분방한 필치로서 옛사람의 규범과 전통에 얽매이지 않은 탈속한 경지를
보여 준다. 각장마다 서산 대사의 '선교도총(禪敎都摠)'이란 네모 인장이
찍혀 있다.

서산 대사 화상당명(西山大師畵像堂銘)

서산 대사의 진영이 표충사에 봉안된 뒤 1794년 4월 8일 정조는 대사

表忠祠寶藏錄

先師清靈堂法諱休靜字玄應又端西山俗姓崔氏系籍完
山徙居安州文諱世昌其子嚴粟奉母金氏康辰歲誕降先
師育異夢忽有老僧來言訪我北沙門雲窟因以名之長而出也
身長九尺面如白玉年二十一歲嘉靖庚子剃髮削仁長老
覔誅怜一禪和尚聰癡怜靈觀大師南遊頭流道益隆高遠顯諧
落葉日髮白非心白古人曾漏泄令聰一聲雞丈夫能事畢自恩
雲遊山川足跡始己酉偶入京師㘴束禪科選至禪教宗康宗
判事已哥莚獄爲妓僧無業所証被逮對吏令且達名區經又曾書
下紫養蘇名即令入侍先師辨理明白

표충사 보장록 1846년 수군절도사였던 신관호가 표충사 보장록과 환수 내력을 썼는데 예서 글씨의 6폭 병풍으로 전한다.

의 충절과 행적을 찬양하기 위하여 화상당명을 손수 짓고 써서 표충사에 내려 보냈다. 화운문을 그린 담황색 비단에 위엄 있는 필치로 썼는데, 말미에는 '만기지가(萬幾之暇)', '홍재(弘齋)'라는 정조의 네모 인장이 찍혀 있다.

이 화상당명은 금자병풍(金字屛風)과 현판(懸板)으로도 전해지고 있다. 금자병풍은 표충사 제향시에 사용되었는데 검정 비단(6폭, 각 117×65센티미터) 바탕에 중간 4폭에는 금니로 화상당명을 쓰고 처음과 마지막 폭에는 금니로 대나무와 매화를 그렸다. 이 죽매도 자리에는 원래 해전도(海戰圖)가 있었는데 1894년 도난당하여 일본에 건너갔다가 1905년 반환되었으나 해전도는 돌아오지 않았다. 죽매도는 1906년 주지 경허(鏡虛) 스님이 최병승(崔丙昇)으로 하여금 그리게 하였다. 또 표충사 왼쪽 벽에는 전라도 관찰사 이서구(李書九, 1754~1825)가 쓴 화상당명 현판이 걸려 있다.

표충사 보장록(寶藏錄)

서산 대사의 제자 유정(惟政), 해안(海眼), 명조(明照), 언기(彦機), 쌍흘(雙仡) 등이 대사의 유품을 대둔사에 봉안한 뒤 1606년 그 사실을 보장록으로 기록하였는데 이후 대흥사의 사찰 문서들과 함께 흩어져 민간에 떠도는 것을 대둔사 계홍(戒洪) 스님이 찾아내어 절에 환수시켰다. 1846년 수군절도사였던 신관호(申觀浩)가 이러한 사실을 길이 전하기 위하여 표충사 보장록과 환수 내력을 썼는데 예서 글씨의 6폭 병풍으로 전한다.

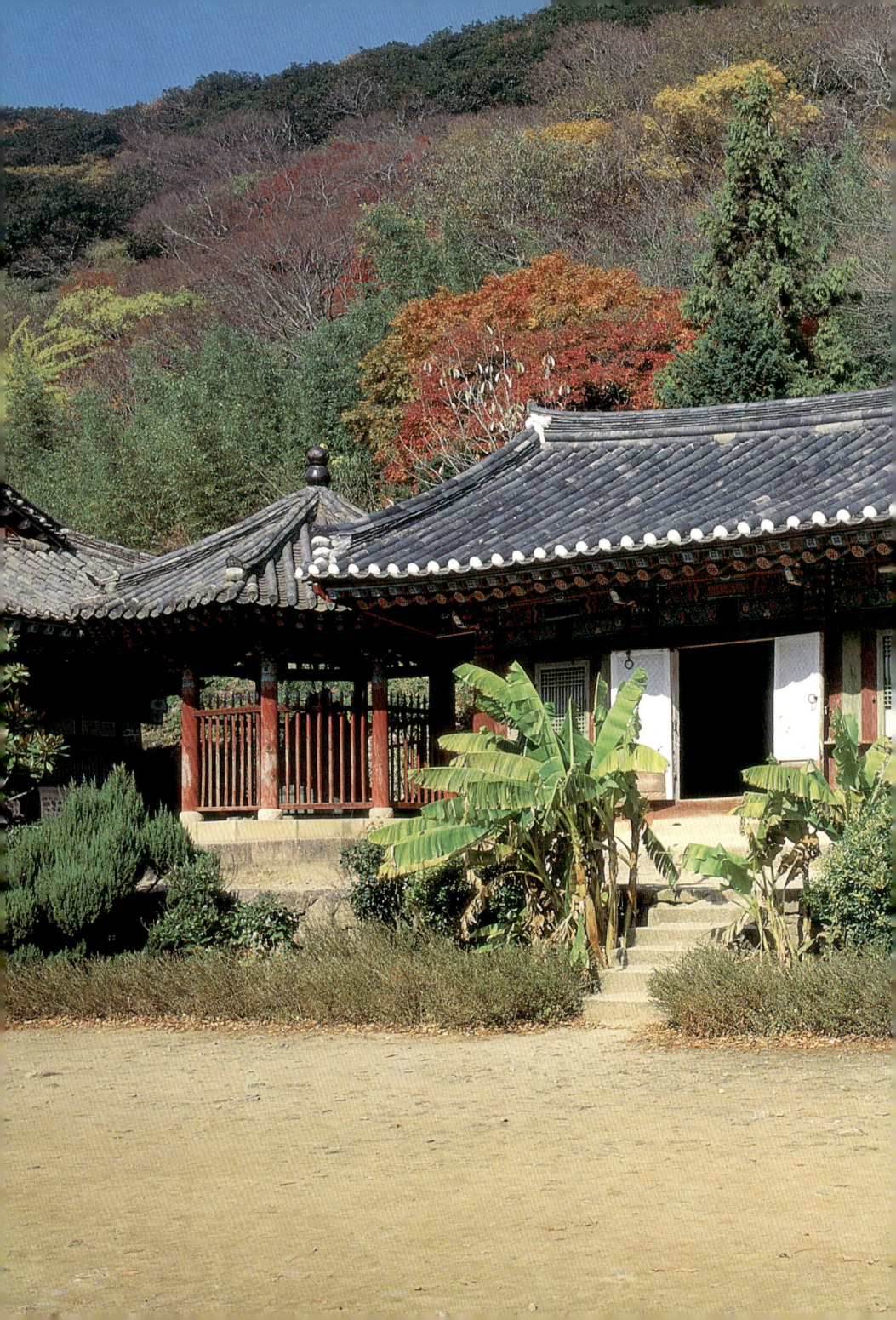

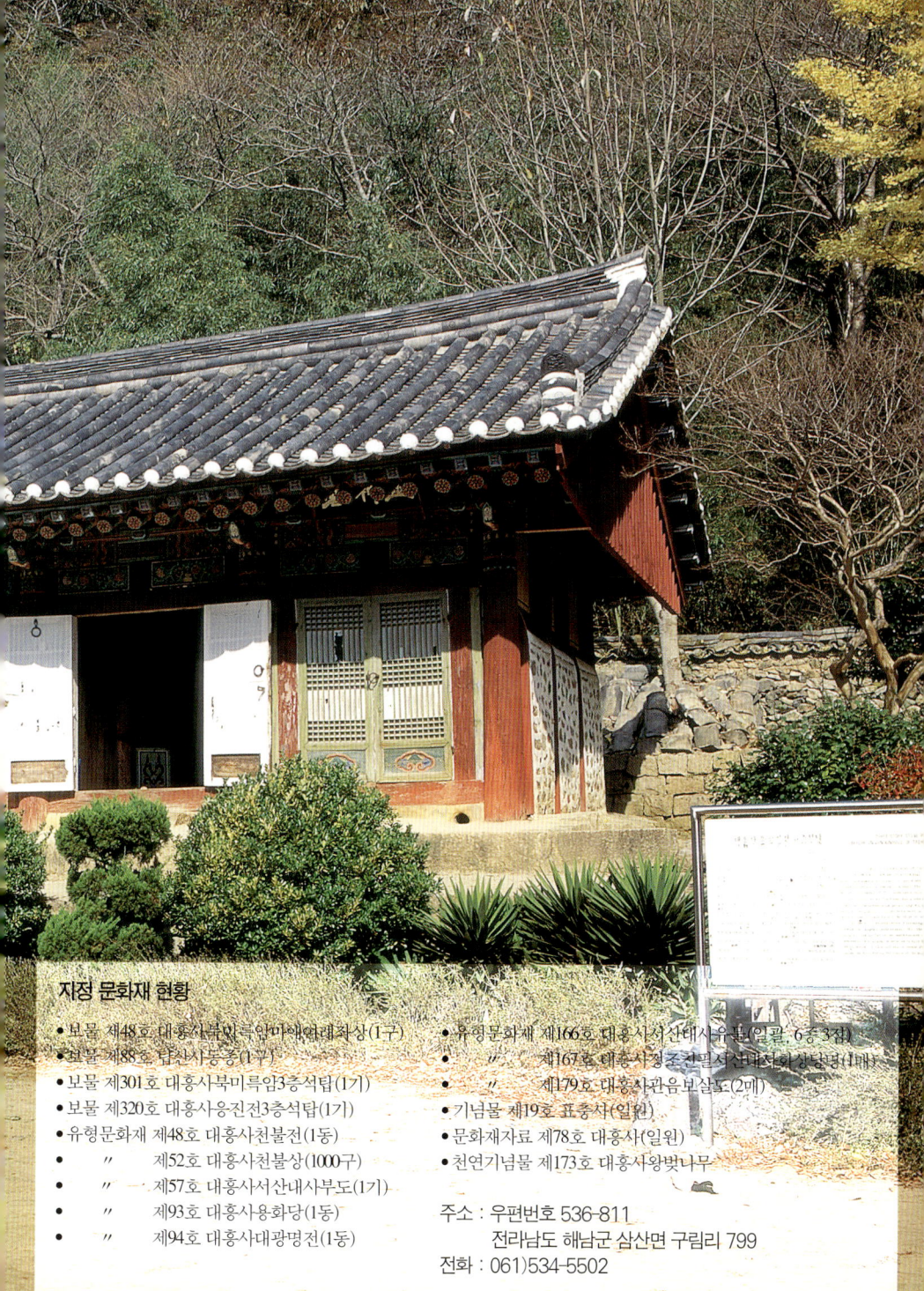

지정 문화재 현황

- 보물 제48호 대흥사북미륵암마애여래좌상(1구)
- 보물 제88호 탑산사동종(1구)
- 보물 제301호 대흥사북미륵암3층석탑(1기)
- 보물 제320호 대흥사응진전3층석탑(1기)
- 유형문화재 제48호 대흥사천불전(1동)
- 〃 제52호 대흥사천불상(1000구)
- 〃 제57호 대흥사서산내사부도(1기)
- 〃 제93호 대흥사용화당(1동)
- 〃 제94호 대흥사대광명전(1동)

- 유형문화재 제166호 대흥사서산태사유물(일괄 6종 3점)
- 〃 제167호 대흥사정조친필서산대사화상당명(1매)
- 〃 제179호 대흥사관음보살도(2매)
- 기념물 제19호 표충사(일원)
- 문화재자료 제78호 대흥사(일원)
- 천연기념물 제173호 대흥사왕벚나무

주소 : 우편번호 536-811
　　　전라남도 해남군 삼산면 구림리 799
전화 : 061)534-5502

빛깔있는 책들 103-33

대흥사(대둔사)

글	—목정배, 이응묵, 이완우
사진	—김종섭, 이응묵, 이완우

발행인	—장세우
발행처	—주식회사 대원사

편집	—황운순, 이보라, 최명지
미술	—손승현
기획	—조은정
전산사식	—이규헌, 육세림
총무	—정만성, 정광진, 우복희
영업	—조용균, 강성철, 박은식, 김수영
이사	—이명훈

첫판 1쇄 —1994년 8월 15일 발행
첫판 5쇄 —2005년 4월 30일 발행

주식회사 대원사
우편번호/140-901
서울 용산구 후암동 358-17
전화번호/(02) 757-6717~9
팩시밀리/(02) 775-8043
등록번호/제 3-191호
http://www.daewonsa.co.kr

ⓦ 값 13,000원

Daewonsa Publishing Co., Ltd.
Printed in Korea(1994)

ISBN 89-369-0155-9 00220

빛깔있는 책들